Ihr *Cuaderno de actividades* enthält Übungen, in denen Sie schriftlich anwenden können, was Sie im Unterricht gelernt haben. Es ist genau auf Ihr Schülerbuch abgestimmt. Auf einige Besonderheiten möchten wir Sie aber hinweisen.

- „Portfolio": Nach den Lektionen 2, 5 und 8 können Sie Ihre Lernfortschritte selbst einschätzen.
- Auf den Seiten 25, 58 und 93 können Sie in Partnerarbeit Gespräche auf Spanisch üben.
- Das *Cuaderno de actividades* enthält zwei CDs: Die erste ist eine CD im MP3-Format (benutzbar auf dem PC sowie geeigneten CD-Playern). Sie enthält alle Lektionstexte und Ausspracheübungen des Schülerbuchs sowie die Hörverstehensübungen des *Cuaderno*. Einen genauen Überblick über alle Tracks finden Sie auf Seite 96. Die zweite CD ist eine CD-ROM mit Lernsoftware (für den PC) mit Übungen zu Grammatik, Wortschatz und Hörverstehen.

Ihr ¡Adelante!-Team wünscht Ihnen jetzt viel Spaß und Erfolg!

Zeichenerklärungen

Hörverstehen ▶ S. 138

Es gibt Strategien, die Ihnen ...

Der *Estrategia*-Kasten gibt Ihnen an, wo eine Lernstrategie zum Einsatz kommt. Sie finden sie auf der angegebenen Seite im Anhang des Schülerbuchs.

ESCUCHAR, LEER, ESCRIBIR, MEDIACIÓN
Bei den Aufgaben ist die Fertigkeit ausgewiesen.

Dieses Symbol kennzeichnet Übungen für Partnerarbeit.

L1/7 Der Text ist auch auf der Lehrer-CD zu hören. Die erste Ziffer verweist auf CD 1 oder 2, die zweite auf die Tracknummer der Lehrer-CD.

S13 Der Hörtext ist auf der Schüler-CD zu hören.

▶ § 4 Der Paragraph verweist auf das entsprechende Grammatikkapitel im grammatischen Anhang des Schülerbuchs.

Um die Lesbarkeit zu erleichtern, sprechen wir in Übungen und Aufgaben von Schülern, Partnern und Freunden. Selbstverständlich sind damit ebenso alle Schülerinnen, Partnerinnen und Freundinnen gemeint.

Spielanleitung

Test-Phase

- Zwei Schüler, die ein Team bilden, sitzen sich gegenüber. Sie haben einen Satz Karten, der gemischt wird. Der Stapel wird mit der Rückseite nach oben in die Mitte gelegt. Jeder Schüler hat einen Protokollbogen / Auswertungsbogen (siehe Seite 3–4) und protokolliert nur die Ergebnisse des Partners mit.
- Schüler 1 zieht die oberste Karte des Stapels und stellt Schüler 2 die Aufgabe a). Schüler 2 antwortet, wird ggf. korrigiert und Schüler 1 notiert sich eine Einschätzung der Leistung von Schüler 2 auf dem Bewertungsbogen. Mit Aufgabe b) verfährt man ebenso. Dann wird die Karte weggelegt (Ablagestapel 1) und Schüler 1 ist an der Reihe, Fragen zu beantworten.
- Schüler 1 muss den Protokollbogen umdrehen, damit er keine Lösungen mehr lesen kann. Schüler 2 führt auf einem zweiten Lösungsblatt das Protokoll für Schüler 1, der jetzt die nächste Karte vom Stapel zieht und nacheinander a) und b) beantwortet. Die erledigten Karten kommen auf Ablagestapel 2. Nachdem Schüler 2 Schüler 1 bewertet hat, muss Schüler 2 wieder den Protokollbogen umdrehen.
- Der Test wird fortgesetzt, bis alle Karten aufgenommen wurden bzw. die Zeit abgelaufen ist.
  - Wenn noch Zeit für einen zweiten Durchgang ist, wird der Test fortgesetzt. Jeder Schüler zieht jetzt nur solche Karten, die der Partner bearbeitet und abgelegt hat.
  - Wenn die Zeit abgelaufen ist, ohne dass alle Karten bearbeitet worden sind, kann der Test in der Folgestunde fortgesetzt werden oder der Lehrer gibt eine Hausaufgabe: Bearbeitung der restlichen Karten zu Hause (Das Protokoll macht nachvollziehbar, wie weit jeder gekommen ist.) und Selbsteinschätzung durch die Schüler.
- Nach Ende der Test-Phase erhält jeder Schüler von seinem Partner seinen persönlichen Auswertungsbogen ausgehändigt und kann sich einen Plan zusammenstellen, um seine Defizite in der Therapiephase aufzuarbeiten.

Spielphase

Schneiden Sie die Spielkarten an der gestrichelten Linie aus.

- In der Lerngruppe werden zwei Teams gebildet, die gegeneinander spielen. Entscheidend ist das Gesamtergebnis der Gruppe.
- Die Gruppe, die anfängt, bestimmt einen Spieler, der ein Feld auf dem projizierten Spielfeld aussucht. Das konkurrierende Team darf bestimmen, ob a) oder b) beantwortet werden soll.
- Der Lehrer liest die Aufgabe von seiner Liste (Dem Lehrer steht im Lehrerband eine Liste der Fragen in Tabellenform zur Verfügung, damit er die Karte im Stapel nicht zu suchen braucht.) vor und bewertet die Lösung.
- Bei einer richtigen Lösung kann jeder Kandidat, wenn er will, die Punktzahl eines gewählten Feldes verdoppeln, wenn er auf Nachfrage des Lehrers eine weitere Variante sagt. Spielfelder (und -karten), bei denen das möglich bzw. sinnvoll ist, sind gekennzeichnet. € €
- Anschließend kommt das zweite Team an die Reihe usw.
  Innerhalb eines Teams wechselt der Spieler von Runde zu Runde, damit nicht die Spezialisten das Spiel allein bestreiten.
- Es muss sichergestellt werden, dass die erzielten Gewinne mitprotokolliert werden.
- Kein Spielfeld darf mehr als einmal ausgewählt werden.
- Das Spiel ist zu Ende,
  - wenn alle Felder gestrichen sind
  - eine vorher festgelegte Zeit vergangen ist (bei Zeitknappheit)
  - jedes Team eine vorher festgelegte Anzahl von Feldern bearbeitet hat (bei Zeitknappheit).

Vorkurs (Spielkarten): Auswertungsbogen

Hinweise für den Partner, der korrigiert

Markieren Sie mit einem Markierungsstift in der Musterlösung den Aspekt, bei dem Ihrem Gegenüber ein Fehler unterlaufen ist. Schätzen Sie anschließend die Lösung Ihres Partners auf der vierteiligen Skala durch Ankreuzen des entsprechenden Feldes ein.

Bewertungskategorien zur Auswertung

++ → Alles klar! Sie haben die Aufgabe ohne Fehler gelöst.

\+ → Sie haben die Aufgabe so gelöst, dass ein Spanier Sie vermutlich gut verstehen würde. Aber Sie haben noch einen oder mehrere kleine Fehler gemacht. Sie sollten dieses Thema lieber noch einmal kurz wiederholen.

– → Ein Spanier wird wahrscheinlich verstanden haben, was Sie sagen wollen. Es ist Ihnen aber mindestens ein grober Fehler unterlaufen. Sie sollten dieses Thema lieber wiederholen.

–– → Sie haben die Aufgabe nicht gelöst. Ein Spanier hätte Sie vermutlich nicht verstanden. Sie sollten dieses Thema noch einmal intensiv wiederholen.

	Musterlösung	Wie gut habe ich / hat mein Partner die Aufgabe gelöst? ++	+	–	– –
50 €	a) Soy… / Me llamo…				
	b) Soy de…				
100 €	a) Hola, ¿qué tal? / Hola, ¿cómo estás? / Hola, ¿todo bien?				
	b) ¿Cuál es tu dirección de correo electrónico?				
200 €	a) ¿Cómo se escribe tu apellido?				
	b) ¡Adiós / ¡Hasta luego! / ¡Hasta la próxima!				
50 €	a) Me gusta mucho salir de fiesta, escuchar música, hacer deporte…				
	b) No me gusta nada…				
100 €	a) Los fines de semana siempre salgo con mis amigos, casi siempre voy al cine y a veces voy a una discoteca.				
	b) A mí tampoco / A mí sí.				
200 €	a) ¿Por qué no vamos al cine este fin de semana? / ¿Te apetece ir al cine este fin de semana? / ¿Vamos al cine este fin de semana?				
	b) ¿Quedamos esta noche en la Plaza Mayor?				
50 €	a) Tengo… años.				
	b) En la clase hay una pizarra, mesas, sillas, libros, bolígrafos…				
100 €	a) ¿Qué hora es? Son las cinco menos cuarto de la tarde.				
	b) ¿A qué hora abre la biblioteca?				
200 €	a) Tengo Matemáticas los lunes y los jueves. Tengo Educación Física los miércoles y los viernes. Tengo Física y Química los martes y los jueves…				
	b) Me levanto a las…, me ducho, desayuno, me lavo los dientes y salgo de casa a las…				
50 €	a) Busco un piso en un barrio tranquilo.				
	b) ¿Cuántos metros cuadrados tiene tu piso?				
100 €	a) No me gusta vivir con mis padres, prefiero vivir en un piso compartido. (Me gustaría vivir en un piso compartido.)				
	b) En Madrid hay trescientas dieciocho paradas de metro.				
200 €	a) Perdón, ¿dónde está el Museo del Prado? / ¿Cómo voy al Museo del Prado? / ¿Sabe dónde está el Museo del Prado?				
	b) Vas todo recto y giras en la segunda calle a la izquierda.				

50 €	a) Primero hay que invitar a la gente, después hay que comprar bebida y comida y al final hay que limpiar.				
	b) Lo siento, no puedo ir a la fiesta porque tengo que estudiar.				
100 €	a) ¿Me acompañas al supermercado? / ¿Puedes acompañarme al supermercado?				
	b) Mi cumpleaños es el… de…				
200 €	a) ¿Cuánto cuesta una barra de pan?				
	b) Primero, pela y corta unas patatas y unas cebollas. Fríelas en una sartén con aceite. Después, bate unos huevos con un poco de sal. Ponlo todo en una sartén. Espera unos minutos y dale la vuelta.				
50 €	a) Creo que el autobús es un medio de transporte barato y ecológico.				
	b) El tren es más lento que el avión. / El tren es menos rápido que el avión.				
100 €	a) En Andalucía normalmente hace sol, hace mucho calor y a veces hace viento.				
	b) ¿Cuál es el mejor medio de transporte para ir desde la estación a tu casa? / ¿Cómo puedo ir desde la estación a tu casa?				
200 €	a) Os recomiendo el Hotel San Juan porque está en el centro y los chicos de la recepción son geniales.				
	b) ¿Qué hiciste en Málaga? / ¿Qué viste? / ¿Adónde fuiste? / ¿Qué comiste? / ¿Dónde dormiste?				
50 €	a) A mí me gustaría ser… / Me gustaría trabajar como…				
	b) Hablo bastante bien el español y hablo inglés perfectamente.				
100 €	a) En Suiza se hablan varios idiomas: alemán, italiano, francés…				
	b) No sé cocinar, pero sé hacer otras cosas. Por ejemplo…				
200 €	a) Te recomiendo hacer unas prácticas en España, pero tienes que escribir al director del hotel y preguntarle si tienen trabajo.				
	b) Soy una persona comunicativa, organizada y flexible. Hice seis meses de prácticas en una oficina de información turística y trabajé dos meses en un restaurante.				
50 €	a) Los colores que más me gustan son el…				
	b) Hoy llevo unos vaqueros, un jersey azul, una camiseta blanca y unos zapatos negros.				
100 €	a) Quería esta camisa verde. ¿La tiene/n en la talla M?				
	b) Esta camiseta negra va bien con todo. / Esta camiseta negra combina con todo.				
200 €	a) ¿Cuál de estas / las (dos) chaquetas prefieres?				
	b) La chica del vestido rojo que lleva gafas es la recepcionista del hotel y el señor mayor de los pantalones marrones que está escribiendo algo en un papel es el director.				
50 €	a) ¿Cuánto cuesta una botella de agua?				
	b) ¡Camarero! Un zumo de naranja, por favor.				
100 €	a) Perdón, un poco de sal para la tortilla, por favor.				
	b) Perdón, pero no como carne porque soy vegetariano.				
200 €	a) Esta ensalada lleva cebolla. Es que soy alérgico. Quería otra ensalada sin cebolla.				
	b) ¡Qué aproveche! / Gracias.				

Unidad 1 Perú y sus maravillas

1 ¿Dónde están?

Mira el mapa de Latinoamérica en tu libro de texto. Elige cinco países y describe dónde están con ayuda de estas palabras.

- limita con…
- (no) está cerca de…
- está al norte / sur / este / oeste de…
- está entre… y…
- está en el… de…

→ Costa Rica está entre Nicaragua y Panamá.

1. ______________________________
2. ______________________________
3. ______________________________
4. ______________________________
5. ______________________________

2 ¿Cuánto sabes?

a) Mira otra vez el mapa de Latinoamérica y contesta las siguientes preguntas.

1. ¿Cuántos países en donde se habla español hay en América del Sur? ______________
2. ¿Cuál es el país más grande de Centroamérica? ______________
3. ¿Qué países de América del Sur no tienen playa? ______________
4. ¿Cuál es el país más grande de América del Sur? ______________

b) Mira el mapa un minuto y después, sin mirar, completa las siguientes frases. ¿Qué palabra secreta encuentras?

La capital de Perú es _ _ _ _.

Managua es la capital de _ _ _ _ _ _ _ _ _.

San José es la capital de _ _ _ _ _ _ _ _ _ _.

La capital de Argentina es _ _ _ _ _ _ _ _ _ _ _ _.

La capital de Chile es _ _ _ _ _ _ _ _.

c) Relaciona cada una de las siguientes frases con un país de Latinoamérica.

1. Este país produce uno de los mejores cafés del mundo. _ _ _ _ _ _ _ _
2. En este país está Machu Picchu. _ _ _ _
3. Es un país muy largo en América del Sur. _ _ _ _ _
4. Este país es famoso por su fútbol. _ _ _ _ _ _ _ _ _
5. Normalmente pensamos en este país cuando hablamos de los aztecas. _ _ _ _ _ _

3 ¡Cuántos verbos en imperfecto! ▸ § 1

Completa la tabla con las formas del imperfecto.

infinitivo	yo	tú	él, ella / usted	nosotros, -as	vosotros, -as	ellos, -as / ustedes
ir						
		estabas				
ver						
				teníamos		
			utilizaba			
						construían
ser						

4 Los abuelos ▸ § 1

a) Ángel, un chico peruano, pregunta a su abuelo cómo conoció a la abuela. Completa con las formas del imperfecto.

Tu abuela y yo **(ser)** ____________ amigos desde siempre. Los dos **(vivir)** ____________ en los Barrios Altos en Lima e **(ir)** ____________ al colegio del barrio. En el recreo **(jugar)** ____________ siempre al trompo[1]. También nos **(gustar)** ____________ estudiar. En el colegio **(haber)** ____________ muchas chicas, pero tu abuela **(ser)** ____________ la más bonita. Todos los domingos ella y yo **(comer)** ____________ conejo de Indias con papas en casa de mis papás. Después de unos años nos fuimos a vivir a Callao y tuvimos siete hijos. En ese tiempo yo **(trabajar)** ____________ allí. Los niños **(estudiar)** ____________ mucho y tenían muy buenos amigos. ¡Qué tiempos esos!

b) En tu cuaderno, escribe cinco preguntas y sus respuestas sobre el texto del apartado anterior.

5 ¿Quién es quién? ESCUCHAR

L1/11 S5 a) Escucha las siguientes frases. ¿Cuáles dice Cecilia (española de Zaragoza) y cuáles dice Celia (peruana)?

	Cecilia	Celia
Me gustan mucho las ciudades grandes como Valencia.		
La zona del centro de Barcelona es genial.		
Ayer compré unos zapatos azules muy bonitos.		
Mis compañeros en la oficina organizaron una fiesta en marzo.		

b) Ahora tú. ¿Cómo te resulta más fácil pronunciar estas palabras?

cerveza • apetecer • canción • cocina • cero • Zaragoza

c) Relaciona la foto con una de las palabras de arriba. ____________

[1] **jugar *(-ue)* al trompo** mit einem Kreisel spielen

6 Otras culturas ▸ § 1

Mira los dibujos. Con ayuda de las palabras de las casillas explica cómo vivían y qué hacían los incas de Perú y los mayas de Centroamérica.

cultivar • ~~hablar~~ • tocar • utilizar • ~~dioses~~ • flauta • llamas[1] • papa

escribir • conocer • jugar[2] • construir • astronomía • números • pelota[3] • pirámides[4]

LOS INCAS

LOS MAYAS

Los incas hablaban a sus dioses, ...

Los mayas...

7 Cuando era niño... ESCRIBIR ▸ § 1

a) ¿Con qué frecuencia hacías estas cosas de niño? Escoge uno de los marcadores temporales de la casilla para cada una de las actividades que hacías cuando eras niño.

- siempre = lo que se hace todos los días (S)
- normalmente = lo que se hace casi todos los días (NO)
- a veces = lo que se hace pocas veces (AV)
- nunca = lo que no se hace (N)

Preparar tus libros por la noche.	N
Despertarte con facilidad.	
Desayunar en casa.	
Coger el autobús para ir al colegio.	
Llevar algo de comer para el recreo.	
Volver a casa después de las clases.	
Hacer los deberes por la tarde.	

b) Escribe ahora un texto corto sobre tu vida en esa época. Explica por qué hacías o no las actividades del apartado anterior. Utiliza *siempre, normalmente, a veces, nunca*.

Cuando era niño yo nunca preparaba mis libros por las noches: los preparaba por las mañanas...

[1] **la llama** das Lama – [2] **jugar** *(-ue)* spielen – [3] **la pelota** der Ball – [4] **la pirámide** die Pyramide

8 ¡Cuántos verbos en indefinido! ▸ § 2

a) Con la ayuda de algunos verbos de la casilla de abajo completa las siguientes frases con las formas del indefinido (cuidado: no necesitas todos los verbos).

• cocinar • hacer • ducharse • ir • aprender • escuchar • estar • escribir • ser • empezar • tener

1. El sábado Ana y Marcos ______________________ un plato típico de Perú: el ceviche.
2. Ayer ______________________ en el hotel con agua fría, pero ahora ya sé cómo funciona el agua caliente.
3. Fuimos a Lima y allí ______________________ un concierto de música clásica.
4. Ángel y tú ______________________ quechua en el colegio toda la tarde. No es una lengua fácil.
5. Carmen ______________________ un nuevo trabajo en Iquitos la semana pasada.
6. Tú ______________________ una carta a tu madre por su cumpleaños ayer por la noche.

b) En la casilla del ejercicio 8 a) hay verbos que no has necesitado. Escríbelos en la tabla y conjúgalos en las formas del indefinido.

infinitivo	yo	tú	él, ella / usted	nosotros, -as	vosotros, -as	ellos,-as / ustedes

9 Más verbos ▸ § 2

Conjuga estos verbos en indefinido.

1. yo B☐☐☐☐É (buscar)
2. tú C☐☐☐☐☐☐☐☐E (conducir)
3. él, ella / usted L☐☐Ó (leer)
4. nosotros, -as Q☐☐☐☐☐☐S (querer)
5. vosotros, -as P☐☐☐☐☐☐☐S (pedir)
6. ellos, -as / ustedes V☐☐☐☐☐☐N (venir)

10 La vida de Francisco Pizarro ESCRIBIR ▸ § 2

a) Describe cómo era Francisco Pizarro con ayuda de las palabras de la casilla.

barba negra • ojos oscuros • pelo moreno • ropa antigua • conquistador español • blanco • alto • delgado

Pizarro era...
____
____
____

b) Escribe ahora la biografía de Pizarro. Utiliza circunstancias y acontecimientos.

CIRCUNSTANCIAS	ACONTECIMIENTOS
★ Ser hijo de Gonzalo Pizarro Rodríguez y Francisca González Mateos	★ Nacer en Extremadura (España) en 1478
★ Ser de familia pobre	★ No estudiar
★ Cuando niño cuidar cerdos	★ Vivir en Sevilla un tiempo
★ No saber escribir	★ Con veinticuatro años ir a América por primera vez
★ Gustar la aventura	★ En 1510 viajar a Centroamérica y Colombia
★ Querer ser rico	★ Con trece hombres llegar a Perú en 1532
	★ Hacer la guerra a los incas
	★ Tener dos hijos con la hija de un emperador inca
	★ Morir en Lima en 1541

Pizarro nació en Extremadura, España, en 1478. Era hijo de...

11 El juego del semáforo ESCRIBIR

Lee otra vez el texto «La llegada de Pizarro a Perú» en la página 17 de tu libro de texto. Resume ahora la información en cuatro párrafos, con estas reglas:

- Cada párrafo debe tener tres frases. Cada frase debe tener un solo verbo, en indefinido o en imperfecto.
- El **rojo** es un verbo en imperfecto (una circunstancia).
- El **verde** es un verbo en indefinido (un acontecimiento).

§ ¡Ojo!

Wenn Sie eine Geschichte erzählen, müssen Sie das *indefinido* und/oder das *imperfecto* benutzen. Entscheiden Sie, ob Sie über ein Ereignis oder Begleitumstände berichten.

→ ●●● En los tiempos del descubrimiento muchos europeos **viajaban** a América. Francisco Pizarro también **quería** ir. Por eso él **fue** al sur.

1. ●●●

2. ●●●

3. ●●●

4. ●●●

12 La leyenda del cóndor – parte A ESCRIBIR

Mira los dibujos y escribe una o dos frases sobre lo que pasa en cada uno. Utiliza las palabras nuevas que están debajo de cada dibujo.

1

el campo das Land im Gegensatz zur Stadt

El padre y la hija cuidan a sus animales en el campo. Ella habla con un joven.

2

volar fliegen – **el barranco** die Bergschlucht – **el cóndor** der Kondor

3

llorar weinen – **el bebé** das Baby, das Kleinkind

4

el picaflor der Kolibri

5

el burro der Esel – **viejo** alt

6

el sapo die Kröte – **escapar** weglaufen

7

convertirse en algo sich verwandeln

8

la flor die Blume

13 La leyenda del cóndor – parte B   LEER / ESCUCHAR / MEDIACIÓN   ▶ § 2

L1/12 S6 a) Lee / Escucha la leyenda.

Había una vez, en un pueblo de Perú, un padre que quería mucho a su hija. Ella cuidaba al padre y a los animales.

Todos los días visitaba a la chica un joven que llevaba unos pantalones negros y una camisa blanca. El joven y la chica hablaban mucho y lo pasaban muy bien. Un día el joven dijo a la chica:

JOVEN: Arrójame[1] al viento. Después yo te voy a arrojar al viento también.

Entonces los dos pudieron volar.

En verdad, el joven era un cóndor disfrazado[2] de humano. Ese día llevó a la chica a un barranco donde vivieron los dos durante nueve meses. En este tiempo él la cuidó muy bien. Después de los nueve meses tuvieron un niño.

Pero la chica lloraba día y noche porque extrañaba[3] mucho a su padre. Ella pensaba todos los días: «¿Quién cuida a mi padre y a los animales?»

Le dijo entonces al joven:

CHICA: Quiero ver a mi padre.

Pero el cóndor no la escuchó, ni ese día ni ningún otro día.

Un día, un picaflor fue al barranco a buscar comida. La chica le dijo:

CHICA: Picaflor, no puedo salir de aquí. ¡El cóndor no nos permite ir!

PICAFLOR: No te preocupes, yo te voy a ayudar. Esta noche voy a buscar a tu padre y le voy a contar lo que pasa.

CHICA: Muchas gracias, picaflor. Tú sabes dónde está mi casa. Allí tengo un jardín lleno de flores y todas las flores van a ser para ti.

Esa noche el picaflor fue al pueblo y dijo al padre de la chica:

PICAFLOR: Tu hija está en un barranco cerca de aquí. El cóndor no le permite irse y ella quiere volver a casa con su hijo. Tengo una idea para liberar[4] a tu hija, pero necesitamos un burro viejo.

Más tarde, el padre y el picaflor dejaron el burro viejo en el barranco y esperaron unos días. Como no tenía nada para comer, el burro viejo murió días después. Mientras el cóndor se comía el burro, porque entonces, como ahora, los cóndores comen carne vieja, el picaflor y el padre liberaron a la chica y al bebé. Después pusieron en ese lugar dos sapos (uno pequeño y el otro grande). El padre y su hija volvieron felices[5] al pueblo. Al otro día el picaflor habló con el cóndor. Le dijo:

PICAFLOR: Cóndor, tu señora y tu hijo ahora son sapos.

¡Y sí! Así era. El cóndor solo vio dos sapos. La chica y el niño ya no estaban allí. Y solo, el cóndor volvió a su vida de cóndor y el picaflor se quedó entre las flores en el jardín de la chica.

b) Compara la leyenda que escribiste en la página 10 con la que acabas de escuchar.

c) Lee las frases. ¿Son verdaderas (V) o falsas (F)?

1. La chica quería aprender a volar.	☐	El joven podía volar.	☐
2. La chica vivió con el picaflor y tuvo con él un hijo.	☐	La chica vivió con el cóndor y tuvo con él un hijo.	☐
3. La chica y el cóndor eran muy felices.	☐	La chica extrañaba su vida en el campo.	☐
4. El padre y la hija volvieron al pueblo con el bebé.	☐	El padre y la hija volvieron al pueblo con el cóndor.	☐
5. Los dos sapos se convirtieron en una chica y un bebé.	☐	El cóndor se convirtió en un cóndor al final de la historia.	☐

d) Mira los dibujos del ejercicio 12 y relaciona cada dibujo con una parte del texto de la leyenda.

dibujo 1: líneas ☐	dibujo 3: líneas ☐	dibujo 5: líneas ☐	dibujo 7: líneas ☐
dibujo 2: líneas ☐	dibujo 4: líneas ☐	dibujo 6: líneas ☐	dibujo 8: líneas ☐

e) En tu cuaderno, escribe un correo corto sobre la leyenda para un amigo que no habla español.

[1] **arrojar** werfen – [2] **disfrazar** verkleiden – [3] **extrañar** vermissen – [4] **liberar** befreien – [5] **feliz** glücklich

14 Pasaporte a la aventura LEER ▸ § 3

a) Lee esta información sobre un viaje de turismo a Perú.

Pasaporte a la aventura: **PERÚ** en 22 días

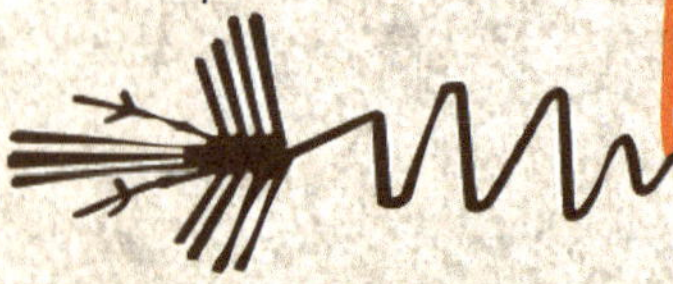

Perú son muchos mundos en uno. Allí viven los habitantes de los glaciares con sus pingüinos[1] y también los de antiguos pueblos de adobe[2] en el norte del país. En Perú existen ciudades como Arequipa, la Ciudad Blanca, que lleva este nombre por una piedra volcánica[3] blanca. En Perú encontramos también el parque nacional[4] de Huascarán con lagos y montañas, los templos[5] antiguos de Machu Picchu, las pequeñas calles de Cusco, los pueblos cerca del lago Titicaca, Lima la capital moderna con industria, cultura, arte…
¡Y allí te estamos esperando!

Salidas:	6 de julio	**Precio:**	2.485 €
	2, 4 y 8 de agosto	**Grupos:**	15/16 personas
	1 de septiembre	**Suplemento:**	Julio 270 €
	1 de octubre		Agosto 260 €
			Septiembre 90 €

ITINERARIO PREVISTO

Día
- **1** Madrid-Lima-hotel
- **3** Parque nacional de Huascarán
- **5** Visita a glaciares
- **6** Visita a Arequipa
- **7** Lago Titicaca
- **9** Mercado en las islas de los Uros
- **11** Tren a Machu Picchu
- **13** Visita a las ruinas de Machu Picchu
- **17** Visita a Cusco, monumentos incas, museos y mercados
- **21** Vuelo Cusco-Lima. Tarde libre
- **22** Vuelo Lima-Madrid

b) Contesta las siguientes preguntas.

1. ¿Cuánto cuesta el viaje a Perú en agosto? ______
2. ¿Qué día es la visita a Arequipa? ______
3. ¿Cuántas visitas hay a mercados? ______
4. ¿Por qué Arequipa es la Ciudad Blanca? ______

c) Ahora organiza un viaje a Perú con ayuda de las siguientes ideas:

• Lo que me parece más… • Lo que me gusta… • Lo que prefiero… • Lo primero que quiero visitar… • Lo que más me interesa…

→ Lo que me parece más importante es la capital porque allí podemos visitar…

Día 1: ______

Día 2: ______

Día 3: ______

Día 4: ______

______

[1]**el pingüino** der Pinguin – [2]**el adobe** der Lehm – [3]**volcánico, -a,** vulkanisch – [4]**nacional** national – [5]**el templo** der Tempel

15 ¿Quiénes son? ▸ § 4

Carlota conoció a algunas personas durante las vacaciones. Relaciona las ideas de la izquierda con las de la derecha.

Ana es la señora	1	A	con los que fui a la playa de Callao viven en París.	1	D
Estos son los chicos	2	B	para los que cociné una tortilla la primera semana.	2	
Teresa y María son las amigas	3	C	al que hice las fotos trabaja en una película.	3	
Thomas es el alemán	4	D	de la que te hablé.	4	
Los franceses	5	E	con las que fui de excursión dos veces en Arequipa.	5	
El guerrero inca	6	F	al que conocí en Lima.	6	

16 En el hotel ▸ § 4

a) Mira el hotel de Carlota en Lima. Completa las frases con el número de la habitación, la preposición y el artículo.

1. En la habitación ☐ está Ana, la señora ________ ________ que le gusta la comida peruana.
2. En la habitación ☐ están los chicos ________ ________ que fui a la piscina.
3. En la habitación ☐ están las amigas ________ ________ que hice una fiesta.
4. En la habitación ☐ está Thomas, ________ ________ que vi una película muy buena.

b) Describe ahora tú quién está en las habitaciones 1 y 2 o qué ves en esas habitaciones. Utiliza una preposición y un artículo para describir cada habitación, igual que en el ejercicio anterior.

____

____

17 Crucigrama

Horizontales

1. Pizarro y sus hombres eran…
2. Había muchos dioses en la… de los incas.
3. El contrario de más es…
4. La patata se llama en Perú…
5. Rojo y verde son…
6. El inca era el… del Sol.
7. Los incas no conocían la…
8. Para los incas, el emperador era un…
9. La música típica de Perú es la música…
10. La capital del país más grande de América del Sur es…
11. Una bebida que viene de Latinoamérica.
12. La persona que visita un país es un…

Verticales

1. Otro nombre para el conejo de indias es…
2. Una persona que vive en un país es un…
3. Perú limita al norte con…
4. Un habitante del antiguo Perú es un…
5. El quechua es un…
6. Titicaca es un famoso…
7. Para los incas Inti era el dios…
8. El contrario de norte es…
9. El emperador Atahualpa pagó a Pizarro una habitación llena de…
10. Un autor muy famoso de Perú (sus dos apellidos) es…
11. En el lago Titicaca hay algunas…
12. La capital de Venezuela es…

Unidad 2 Cosas de la vida

1 Todos los días ESCRIBIR

a) Estas son las cosas que hace normalmente Pedro. Escribe a qué hora haces tú las mismas cosas.

> Pedro normalmente se levanta a las siete y media de la mañana. Empieza las clases a las ocho y media. Después, come un bocadillo en el recreo a las once. Termina las clases a las tres y luego se va a casa y come a las tres y media. Estudia de cinco a siete. Normalmente cena a las nueve de la noche. Se va a la cama a las once y media o a las doce.

____
____
____
____
____
____
____

b) Mira los dibujos y describe las actividades que faltan.

1

☐ leer el periódico

2

☐ navegar por Internet

3

☐ ______________

4

☐ beber cerveza

5

☐ ______________

6

☐ ______________

7

☐ ______________

8

☐ ______________

c) Ahora marca con ✓ las actividades que tú haces y escribe cuándo las haces.

____
____
____
____
____

2 Vida sana ESCRIBIR

a) ¿Qué hacen normalmente las personas que llevan una vida sana y las que no? Marca con [+] las actividades que hace una persona sana y con [–] las que no.

dormir ocho horas al día ☐ • comer fruta ☐ • beber cerveza ☐ • ir a la cama tarde ☐ • ir en bicicleta ☐ • beber mucha agua ☐ • comer mucho cerdo ☐ • trabajar demasiadas horas ☐ • comer mucha carne ☐ • hacer yoga ☐ • hacer deporte ☐ • ir siempre en coche ☐ • hacer el vago ☐ • tener una vida tranquila ☐ • ver mucho la televisión ☐

b) ¿Y tú? ¿Cuáles de las cosas anteriores haces normalmente? Escríbelo. ¿Llevas una vida sana?

____

____

____

____

____

____

3 ¿Qué hemos hecho hoy en clase? ▸ § 5

¿Quién ha hecho hoy en clase cada una de estas cosas? Completa las frases con la forma verbal adecuada.

he • has • ha • hemos • habéis • han

1. ________ preguntado algo a la profesora. **(yo)**
2. ________ salido un momento de la clase. **(nosotros)**
3. ________ hablado sobre un tema interesante. **(dos compañeros)**
4. ________ explicado qué es el pretérito perfecto. **(la profesora)**
5. ________ leído un texto. **(tú)**
6. ________ bebido agua. **(tú y un compañero)**

4 Participios irregulares ▸ § 6

a) Escribe el infinitivo que corresponde a estos participios.

☐ hecho ________	☐ comido ________	☐ trabajado ________	☐ escrito ________
☐ dicho ________	☐ vuelto ________	☐ tenido ________	☐ puesto ________
☐ sido ________	☐ abierto ________	☐ estado ________	☐ visto ________

b) Algunos son irregulares, ¿cuáles? Marca los irregulares con ✓.

5 Hoy, ayer y antes ▸ § 7

Pon los siguientes adverbios y marcadores temporales en el grupo que corresponde.

esta mañana • el martes pasado • antes • el 30 de diciembre • esta semana • en 2008 • hoy • este verano • la semana pasada • hace dos años • hasta ahora • normalmente • ayer • este mes • esta tarde • aquel día

Pretérito perfecto (he desayunado)	Pretérito indefinido (desayuné)	Pretérito imperfecto (desayunaba)

6 ¿Qué ha hecho Ana María? ▸ § 5

Relaciona las frases de una manera lógica.

Habla muy bien alemán.	1	A	Ha tenido muchos hijos.	1	B
Es muy rica.	2	B	Ha vivido en Frankfurt muchos años.	2	
Ha organizado una fiesta.	3	C	Ha nacido en Madrid.	3	
Tiene una familia muy grande.	4	D	Ha sido su cumpleaños.	4	
Ha llegado tarde al trabajo.	5	E	No ha comido nada en todo el día.	5	
Tiene hambre.	6	F	Ha viajado por todo el mundo con su trabajo.	6	
Tiene mucho estrés.	7	G	Siempre ha ganado mucho dinero.	7	
Es azafata.	8	H	Se ha levantado muy tarde.	8	
Es española.	9	I	Ha trabajado demasiado este año, sin pausa.	9	

7 ¿Qué hace una azafata?

a) Observa los dibujos y escribe qué actividad de la derecha corresponde a cada uno.

1. Cuidar de la seguridad de los pasajeros
2. Escribir informes
3. Servir bebidas y comidas
4. Volar

b) Todas estas actividades están relacionadas con el trabajo de una azafata, menos una. ¿Cuál?

____

8 Trabajar en un avión ▸ § 5, 6

a) Ramón se encuentra con Francisco y le cuenta qué hace en la actualidad. Completa los espacios con los verbos que faltan.

soy • trabajas • se llamaba • viajo • se llama • he estado • has estado • tienes • es • sirves • he viajado • equivocas • has conocido

Francisco: ¡Hombre, Ramón! ¿Qué tal? ¿Todavía __________ como recepcionista?

Ramón: No, no, ahora __________ tripulante de cabina de pasajeros. __________ también auxiliar de vuelo.

Francisco: ¡Ah! Lo que antes __________ «azafato»…

Ramón: Sí, exacto. Ahora __________ mucho. Esta semana __________ en México.

Francisco: ¡Qué bien! Seguro que __________ mucha gente interesante en tus viajes.

Ramón: Sí, pero __________ un trabajo con mucho estrés.

Francisco: Bueno… pero solo __________ cafés y bebidas.

Ramón: Te __________. Mi trabajo es cuidar de la seguridad de la gente. Para hacer este trabajo __________ que hacer una formación muy especial y difícil.

Francisco: ¡Qué interesante! ¿Y __________ en Asia?

Ramón: No, todavía no, pero este año __________ por África y por América.

Francisco: ¡Genial!

Tripulante de cabina de pasajeros o auxiliar de vuelo

L1/27 S12 b) Escucha el diálogo y comprueba tus respuestas.

c) Ordena lo que hace Ramón en un día de trabajo. Después escribe frases, como en el ejemplo, sobre qué ha hecho hoy.

- [ ] Subir al avión.
- [1] Levantarse a las cuatro de la mañana.
- [ ] Ducharse.
- [ ] Volar a las ocho de la mañana.
- [ ] Ponerse la ropa de trabajo.
- [ ] Volar durante cinco horas.
- [ ] Saludar a los pasajeros.
- [ ] Volver a casa a las diez de la noche.

1. Se ha levantado a las cuatro de la mañana.
2. ______________________________
3. ______________________________
4. ______________________________
5. ______________________________
6. ______________________________
7. ______________________________
8. ______________________________

9 La semana de Patricia LEER ▶ § 7

Patricia es la secretaria de una empresa. Hoy es miércoles y son las cuatro de la tarde. Mira su agenda y marca las frases que no son verdad. ¡Ten en cuenta los mensajes que recibió Patricia el lunes a las ocho de la mañana!

- ☐ 1. Ya ha tenido la entrevista con la nueva secretaria.
- ☐ 2. Todavía no ha hecho yoga.
- ☐ 3. Ya ha ido a la clase de alemán.
- ☐ 4. Ya ha acompañado a sus clientes al aeropuerto.
- ☐ 5. Ya ha comprado café y zumos para la oficina.
- ☐ 6. Ya ha visitado al señor Pérez.
- ☐ 7. Ya ha comido con el jefe de personal.
- ☐ 8. Todavía no ha llamado a la oficina de Bilbao.
- ☐ 9. Ya ha ordenado el armario de la oficina.
- ☐ 10. Todavía no ha ido a la fiesta de Carlos.
- ☐ 11. Todavía no ha alquilado el coche.
- ☐ 12. Ya ha escrito el informe de septiembre.
- ☐ 13. Todavía no ha ido a la piscina.
- ☐ 14. Ya ha reservado la mesa en La Casa Vasca.
- ☐ 15. Todavía no ha cenado con la señora Merino.
- ☐ 16. Ya ha ido a Madrid.

	LUNES 3	MARTES 4	MIÉRCOLES 5	JUEVES 6	VIERNES 7	SÁBADO 8
08						
09		Ordenar el armario de la oficina			Reservar una mesa en La Casa Vasca	
10	Entrevista con una nueva secretaria					Alquilar un coche
11				Acompañar a los clientes al aeropuerto		
12		Comprar café y zumos de naranja			Ir a Madrid	
13						
14			Comer con Mauricio, el jefe de personal			
15	Llamar a la oficina de Bilbao					
16					Visitar al señor Pérez	
17				Escribir el informe de septiembre		
18		Clase de alemán				
19	Hacer yoga					
20			Piscina			Fiesta de Carlos
21				Cenar con la señora Merino		

Patricia: Ha llamado la chica de la entrevista.
Dice que no puede venir hoy
y pregunta si puede hacer
la entrevista el martes.

Estimada Patricia:

Quiero informarle que el martes no vamos a tener nuestra clase de alemán. La clase va a ser este jueves, también a las 18:00.

Atentamente,

Andreas Schmidt

Hola, Patricia:

Tengo que ir a Bilbao el miércoles y no puedo comer contigo ese día. Te propongo comer el viernes. ¿Puedes?

Mauricio

10 Antes y después ▸ § 11

a) Completa las frases con información sobre cosas que haces normalmente.
Escribe *antes de* o *después de* cada actividad.

1. Veo la televisión antes de ir a la cama.

2. Leo sobre la ciudad que voy a visitar ______________________

3. Como la ensalada ______________________

4. Normalmente me ducho ______________________

5. Desayuno ______________________

6. Me voy a la cama ______________________

b) Escribe dos frases con información sobre cosas que has hecho hoy.

Antes de… ______________________

Después de… ______________________

11 ¿Cuándo? ESCRIBIR ▸ § 7

a) ¿Has hecho las siguientes cosas alguna vez? Escribe cuándo las has hecho. Utiliza las expresiones de la lista.

hoy • esta semana • algunas veces • nunca • muchas veces • esta mañana • este año • este fin de semana • este mes • todavía no

1. ______________________ he ido de campamento.
2. ______________________ he ido en moto por la ciudad.
3. ______________________ he pasado una noche sin dormir.
4. ______________________ he ido a caballo con mis amigos.
5. ______________________ he comido conejo de Indias.
6. ______________________ he leído un libro muy interesante.
7. ______________________ he viajado sin mis padres.
8. ______________________ he estado en África.
9. ______________________ he visto una película muy buena.
10. ______________________ he ido al teatro.

b) ¿Qué otras cosas interesantes o diferentes has hecho alguna vez en tu vida? Escríbelo en tu cuaderno y explícalo. Nombra al menos dos.

12 Un libro interesante ESCRIBIR / MEDIACIÓN

Explica a un amigo que no habla alemán cuál es el tema de este libro. Escribe un resumen del libro y dos preguntas que hace el autor.

Kurzbeschreibung:
Das Geschenk für Abenteurertypen – und alle, die neugierig sind aufs wahre Leben.

Haben Sie schon mal
- auf der Datumsgrenze gestanden?
- mit bloßen Händen einen Fisch gefangen?
- ohne Streichhölzer Feuer gemacht?
- das Kama Sutra in die Praxis umgesetzt?
- jemandem das Leben gerettet?
- die 100 besten Bücher gelesen?
- Lokalverbot bekommen?

Dieses Buch zählt auf, was Sie erlebt haben müssen, um am Himmelstor sagen zu können:

Ich habe gelebt! Selbstverständlich mit zahlreichen Tipps zu Planung, Vorbereitung, Ausführung etc. etc. Damit man weiß, wie man es anstellt, einmal im Leben in einem Drei-Sterne-Restaurant die Zeche zu prellen.

Ein originelles Brevier nach dem Motto: Entdecke die Möglichkeiten.

13 ¿Cómo son? ESCUCHAR / ESCRIBIR

L1/28–29 S13–14 a) Escucha en los siguientes diálogos cómo son Ana y Sancho. ¿Qué tres adjetivos los definen mejor? Márcalos con ✓.

	Ana	Sancho
tranquilo, -a		
deportista		
comunicativo, -a		
ecologista		
creativo, -a		
organizado, -a		

b) Y tú, ¿cómo eres? Explica por qué. Puedes utilizar estos adjetivos u otros que conoces.

práctico, -a • simpático, -a • responsable • flexible • amable • competente • rápido, -a • gracioso, -a

→ Soy muy práctico porque siempre busco la solución más fácil.

14 Una carta para buscar trabajo LEER / MEDIACIÓN

Una revista alemana necesita una persona para trabajar en la redacción de su versión en español. El director de la revista recibe una carta de un joven español, pero no entiende nada. ¿Puedes ayudarlo? Escribe un resumen de la carta.

Texte verstehen ▶ S.139

Es ist häufig nicht nötig, dass Sie jedes Wort kennen. Die wichtigsten Informationen lassen sich auch aus dem Zusammenhang erschließen.

José María Jiménez Osorio
C/Castilla 23, 2º
07800 Ibiza

Ibiza, 5 de septiembre de 201…

Asunto: Solicitud de puesto de redactor

Estimados señores:

En respuesta a su anuncio del 15 de agosto para el puesto de redactor de textos y artículos en español en su revista, les adjunto mi currículum[1]*.*

Estudié Periodismo[2] *en la Universidad Autónoma de Madrid y actualmente vivo en Ibiza. Tengo casi tres años de experiencia como redactor. Después de acabar mis estudios trabajé dos años en una revista especializada en viajes y nueve meses en una revista deportiva. Actualmente trabajo como profesor de inglés y español en una escuela de idiomas. He vivido dos años en Inglaterra y tengo un buen nivel de inglés. También he estudiado durante tres años alemán y lo hablo bastante bien aunque todavía no lo escribo correctamente. Soy una persona comunicativa y organizada, y me gusta escribir y trabajar en equipo. Además, tengo buenos conocimientos de informática y de programas de edición de textos*[3]*.*

En espera de sus noticias, aprovecho la ocasión para saludarles atentamente.

José María Jiménez Osorio

Anexo: Currículum vítae

[1] **el currículum vítae (CV)** der Lebenslauf – [2] **el periodismo** der Journalismus – [3] **la edición de textos** *(hier)* die Textverarbeitung

15 El frigorífico de Alberto ▸ § 9,10

Alberto ha vuelto de vacaciones y quiere preparar algo de comer, pero en su frigorífico no hay casi nada. Mira su frigorífico y completa las frases utilizando *un, una, ningún, ninguna* o *ni*. No olvides escribir la palabra *no* si es necesario.

1. ____________ hay ________________ patata.
2. ____________ hay ________________ huevo.
3. ____________ hay ________________ manzana.
4. ____________ hay ________________ jamón ni pan.
5. ____________ hay ________________ zumo.
6. ____________ hay ________________ cebolla.
7. ____________ hay ________________ botella de agua.
8. ____________ hay ________________ tomate.
9. ____________ hay ________________ naranja.

16 ¿Quién es Bea? ▸ § 10

Bea está buscando trabajo y tiene hoy una entrevista. Espera en la recepción de una empresa con otras personas. Lee las frases e identifica quién es Bea.

1. Bea no lleva ni gafas ni una falda roja.
2. Bea no lleva ni un libro ni una revista.
3. Bea no lleva unos zapatos grises ni unos zapatos blancos.
4. Bea no lleva ni un vestido ni unos zapatos marrones.
5. Bea no es rubia ni lleva el pelo corto.
6. Bea no lleva una camisa amarilla ni una camisa naranja.
7. Bea no lleva ni unos pantalones verdes ni unos pantalones marrones.

Bea es la persona número ☐.

17 Lleva… ▸ § 8

Marta tiene diecisiete años y es una chica muy activa. Estamos en noviembre, hoy es jueves y son las seis de la tarde. Escribe frases sobre Marta utilizando el verbo *llevar*.

1. Hace prácticas en una empresa desde septiembre.
   Lleva dos meses haciendo prácticas.
2. Estudia francés desde los doce años.
   ______
3. Espera a sus amigas desde las cinco de la tarde.
   ______
4. Viaja a Mallorca en verano desde los diez años. ______
5. Va al instituto en bicicleta desde el lunes. ______

18 Sonidos ESCUCHAR

L 1/30 S 15 a) Escucha estas palabras y escríbelas en el grupo correcto.

eu	oi	ei	ai

b) Busca en el diccionario el significado de las palabras que no conoces.

19 ¿Tienes estrés? LEER ▸ § 7

Lee el texto y completa el cuestionario para saber si tienes estrés.

La gente normalmente tiene estrés cuando trabaja demasiado o se preocupa por muchas cosas. El estrés no es una enfermedad[1], pero es importante saber si lo tenemos o no para cambiar nuestros hábitos de vida. Cuando tiene mucho estrés, la gente normalmente cambia de repente su estado de ánimo[2] y tiene problemas de concentración[3].

Para saber si tú tienes estrés, haz este test.

	Sí	No
1. ¿Has dormido mal esta semana?		
2. ¿Has tenido problemas para estudiar estos días?		
3. ¿Tienes problemas en la clase de español?		
4. ¿Has comido muy poco esta semana?		
5. ¿Has comido más de lo normal esta semana?		
6. ¿Has tenido pocas ganas de hacer cosas estos días?		
7. ¿Has tenido problemas para comunicarte con tus amigos y con tu familia este mes?		
8. ¿Has sido poco amable con la gente este mes?		
9. ¿Normalmente haces deporte, pero este mes has hecho poco deporte?		
10. ¿Ha habido un gran cambio en tu vida este año que no te ha gustado?		

Entre 0 y 3 respuestas afirmativas: ¡Muy bien! Eres una persona tranquila. Vives sin estrés y llevas una vida sana.

Entre 4 y 7 respuestas afirmativas: Tienes un poco de estrés, pero la solución es fácil. Tienes que llevar una vida más tranquila y disfrutar más.

Entre 8 y 10 respuestas afirmativas: Sí, tienes algo de estrés. ¿Por qué no hablas con tus padres?

[1] **la enfermedad** die Krankheit
[2] **el estado de ánimo** die Stimmung
[3] **la concentración** die Konzentration

20 En la radio HABLAR

Estamos en un programa de radio sobre extranjeros que viven en España. El programa se llama «Destino España». El presentador del programa (A) hace unas preguntas sobre la vida y el trabajo de una persona que vive en España, pero no es española (B).

1. Machen Sie die Übung zu zweit. Einigen Sie sich, wer die Rolle A und wer die Rolle B übernimmt.
2. Setzen Sie sich einander gegenüber.
3. Stellen Sie sich abwechselnd die Fragen und antworten Sie mithilfe der Vorgaben. A beginnt.
4. Die Lösungsvorschläge helfen Ihnen, sich gegenseitig zu kontrollieren.
5. Wechseln Sie die Rollen nach einem Durchgang.

A Presentador

Sie beginnen das Programm. Begrüßen Sie die Zuhörer und stellen Sie die Person vor, die Sie interviewen werden (Namen und Herkunft). Begrüßen Sie danach Ihren Gast.

Hola, buenos días.

Sie fragen Ihren Gast, wie lange er schon in Spanien lebt.

Llevo seis meses en España.

Sie fragen, was er / sie in Spanien macht.

Estoy trabajando en el departamento de marketing de una empresa textil. Traduzco textos, escribo informes…

Fragen Sie, ob Ihr Gast in seinem Land gearbeitet oder studiert hat.

En mi país estudiaba y trabajaba normalmente en verano en restaurantes. Este año, antes de venir a España, he hecho unas prácticas en una empresa de mi país.

Welche Sachen sind in Spanien anders als in Ihrem Land?

Los hábitos son diferentes. En España la gente come a las dos y la cena es a las nueve o a las diez. En mi país la gente come más temprano. También creo que en España la gente trabaja más horas.

Was gefällt Ihnen in Spanien am meisten?

Lo que más me gusta es la gente, el sol y la comida.

B Entrevistado

Hola, buenos días. Estamos en el programa «Destino España». Hoy tenemos con nosotros a…, que viene de… y vive y trabaja en España. Hola…

Sie erwidern den Gruß.

¿Cuánto tiempo llevas viviendo en España?

Sie sagen, dass Sie schon sechs Monate in Spanien leben.

¿Qué haces en España?

Sie arbeiten in der Marketingabteilung eines Textil-unternehmens. Sie übersetzen Texte, schreiben Berichte …

¿En tu país trabajabas o estudiabas?

Sie antworten, dass Sie studieren, im Sommer aber normalerweise in Restaurants arbeiten. In diesem Jahr haben Sie ein Praktikum gemacht, bevor Sie nach Spanien gekommen sind.

¿Qué cosas son diferentes entre España y tu país?

Sie antworten, dass einige Gewohnheiten anders sind. In Spanien essen die Leute um 14 h zu Mittag und um 21 h oder 22 h zu Abend. In Ihrem Land essen die Leute früher. Sie glauben auch, dass die Leute in Spanien länger arbeiten.

¿Qué es lo que más te gusta de España?

Was mir am meisten gefällt, sind die Menschen, die Sonne und das Essen.

Portfolio 1

Evalúa tu progreso con la ayuda de esta lista. Escribe un ejemplo para cada objetivo de aprendizaje y califica con un ✓ tu respuesta.

Ya puedo … ✓	😊	😐	☹
… localizar un lugar: Mi ciudad ____________ ____________ Mi país ____________ ____________	☐	☐	☐
… hacer asociaciones: Cuando escucho ____________ pienso en ____________ Yo relaciono ____________ ____________	☐	☐	☐
… expresar contraste entre el pasado y el presente: Antes yo ____________, pero ahora ____________ ____________	☐	☐	☐
… expresar que algo es parecido: Ahora, como en el siglo pasado, ____________ ____________	☐	☐	☐
… estructurar un relato: El otro día ____________ y de repente ____________ Ayer, mientras ____________	☐	☐	☐
… expresar preferencias: Lo que me interesa de ____________ ____________ Lo que me gusta cuando ____________ ____________ Lo que me parece importante en ____________ ____________	☐	☐	☐
… empezar una exposición: El tema de mi exposición ____________	☐	☐	☐

Ya puedo… ✓	😊	😐	☹
… concluir una exposición: Finalmente ______	☐	☐	☐
… hablar de rutinas diarias: Yo normalmente a las 9:00 ______, a las 16:00 ______ y a las 22:00 ______	☐	☐	☐
… hablar de acciones pasadas relacionadas con el presente: Esta semana ______ Todavía no ______ Ya ______ Nunca ______	☐	☐	☐
… hablar sobre el tiempo que llevas haciendo una actividad: Llevo ______ ______	☐	☐	☐
… describir cómo eres: Soy ______ ______	☐	☐	☐
… negar algo: No ______ ningún ______	☐	☐	☐
… pronunciar correctamente las siguientes palabras: Zaragoza cerca Tegucigalpa plaza empiezo treinta euro reunión sois aire acondicionado	☐	☐	☐

Unidad 3 Cataluña

1 Contrarios

a) Todos estos adjetivos pueden servir para decir cómo es una ciudad. ¿Sabes decir lo contrario? Escríbelo.

1. antigua: ____________
2. fácil: ____________
3. interesante: ____________
4. luminosa: ____________
5. fea: ____________
6. pequeña: ____________
7. cara: ____________
8. rica: ____________

b) ¿Cómo es tu ciudad? Puedes utilizar los adjetivos del apartado anterior.

____

2 Ciudades españolas ▸ § 12

Lee los siguientes mensajes de promoción de algunas ciudades españolas. Después, con la información que hay en cada mensaje, completa las frases de abajo con las palabras que tienes en la casilla.

1. VITORIA, LA CIUDAD CON MÁS PARQUES Y JARDINES DE ESPAÑA. ¡CONÓCELA!
2. ¡VISITAD SEVILLA! MÁS DE 2.000 AÑOS DE HISTORIA OS ESPERAN.
3. ¿QUIERES CONOCER GENTE DE TODO EL MUNDO? ¡VEN A BARCELONA!
4. SAN FERMÍN, UNA FIESTA QUE SE CELEBRA TODOS LOS AÑOS EN JULIO EN PAMPLONA DESDE EL SIGLO XIII. ¡CORRE Y VEN!
5. MILES DE TURISTAS DE TODO EL MUNDO NO SE EQUIVOCAN Y VIENEN A PALMA DE MALLORCA, ¿Y TÚ?
6. ¡GRANADA! LA CIUDAD DEL AMOR… ¡DISFRÚTALA, PERO NO VENGAS SOLO… O SOLA!
7. AZUL Y BLANCO. ¡VALENCIA! ¿QUÉ MÁS QUIERES?

Pamplona

Granada

1. Vitoria es la ciudad más ____________ de España.
2. Sevilla es una ciudad muy ____________.
3. Barcelona es muy ____________.
4. La fiesta ____________ de Pamplona es en julio.
5. Palma de Mallorca es una ciudad muy ____________.
6. Granada es la ciudad más ____________ de España.
7. Valencia es una ciudad muy ____________.

- internacional
- antigua
- romántica
- turística
- tradicional
- luminosa
- verde

Sevilla

3 Un mensaje de Andrea LEER / ESCRIBIR ▸ § 12

a) Lee el correo electrónico que escribe Andrea a su amiga española Begoña. Después, observa las dos fotografías. ¿En cuál de las dos ciudades está Andrea? Marca la casilla correspondiente con ✓.

1

2

Hola, Begoña:

Te escribo desde un cibercafé[1] en la ciudad de Girona. Estoy de vacaciones con Jutta en la Costa Brava y hemos venido a pasar el día. Girona está a unos 40 kilómetros de Tossa, el pueblo en el que estamos de vacaciones. Es una ciudad bastante pequeña, pero muy interesante. Tiene una catedral muy grande, un río[2] (el Oñar) con muchos puentes y casas de colores[3], unas calles con casas muy antiguas, unos baños árabes del siglo XII y un barrio muy bonito que se llama el Call, donde vivieron los judíos[4] hasta el siglo XV. También hay una Rambla, como en Barcelona, que se llama la Rambla de la Libertad, con casas del siglo XIX. Por esta zona hay tiendas muy bonitas con cosas que no encuentras en otras ciudades.

Estábamos paseando, y cuando hemos llegado a una pequeña plaza en la que había mucha gente, hemos visto una torre muy alta de personas. También había unos músicos que tocaban canciones tradicionales. ¡Ha sido genial!

Tengo muchas ganas de verte. El lunes llegamos a Bilbao. He comprado una cosa muy bonita para ti. Te la doy el lunes.

Nos vemos pronto.

Un abrazo,

Andrea

b) Imagina que Andrea quiere escribir un SMS en lugar de un correo electrónico. Para ello, va a utilizar muchas menos palabras. Ayúdala a escribirlo.

[1]**el cibercafé** das Internetcafé – [2]**el río** der Fluss – [3]**de colores** bunt – [4]**el judío** der Jude

4 La familia de Anita ▸ § 12

a) Anita y su familia son muy, pero muy especiales. Completa las frases con el verbo *ser* o *estar*.

_________ Anita.
_________ una señora.
_________ alemana.
_________ profesora de Historia.
_________ en la universidad.
_________ contenta.
_________ rubia.
_________ inteligente.
_________ la madre de Berta.
_________ en Alemania.

_________ argentina.
_________ deportista.
_________ una chica.
_________ Berta.
_________ en un bar.
_________ camarera.
_________ cansada.
_________ baja.
_________ en Buenos Aires.
_________ la hija de Anita.

_________ un hombre.
_________ chileno.
_________ en Santiago de Chile.
_________ cocinero.
_________ enfadado.
_________ Carlos Mario.
_________ en un restaurante.
_________ alto.
_________ el padre de Berta.
_________ creativo.

b) ¿Para hablar de los siguientes temas, qué utilizas: *ser* o *estar*?

1. nombre: _________
2. nacionalidad[1]: _________
3. profesión: _________
4. característica física[2]: _________
5. estado de ánimo[3]: _________
6. lugar: _________
7. descripción de carácter[4]: _________
8. relación familiar[5]: _________

5 ¿Qué es? ¿Quién es? ESCUCHAR / ESCRIBIR / MEDIACIÓN ▸ § 12

L1/49 S 21

a) ¿Qué sabes sobre estos lugares, cosas o personas? Escríbelo. Después escucha y comprueba tus respuestas.

1. Santiago de Compostela: ______________________________
2. Guernica: ______________________________
3. Gazpacho: ______________________________
4. Ushuaia: ______________________________
5. Penélope Cruz: ______________________________

[1]**la nacionalidad** die Staatsangehörigkeit – [2]**la característica física** die körperliche Besonderheit – [3]**el estado de ánimo** die Stimmung – [4]**la descripción de carácter** die Charakterbezeichnung – [5]**la relación familiar** die Familienverhältnisse

b) Imagina que hablas sobre los siguientes lugares o cosas con un amigo español que no los conoce. ¿Cómo se los describes? Si no sabes alguna palabra en español, búscala en el diccionario.

Stuttgart: ______________________________

____

Brandenburger Tor: ______________________________

____

____

Apfelstrudel: ______________________________

____

Glühwein: ______________________________

____

Allianz Arena: ______________________________

____

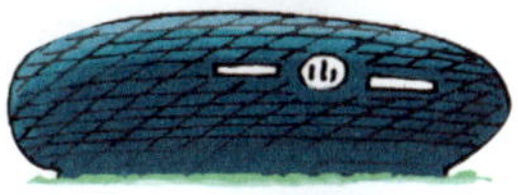

Leder-Hosen: ______________________________

____

6 Tres lugares de Cataluña ▸ § 12

Aquí tienes información sobre tres lugares de Cataluña. ¿Qué información corresponde a cada lugar? Escríbelo. Puedes buscar la información en Internet.

- a 37 kilómetros de Barcelona.
- en la provincia de Girona.
- en el sur de Cataluña, en la provincia de Tarragona.
- un castillo del siglo X.
- un pueblo muy antiguo y pequeño con muchas casas de piedra.
- un pueblo de unos 20.000 habitantes.
- una ciudad con más de 100.000 habitantes.
- playas, museos y un festival internacional de cine.
- una torre muy antigua y alta, de estilo gótico[1].

Sitges . . .

es ______________________________

está ______________________________

En Sitges hay ______________________________

Besalú . . .

es ______________________________

está ______________________________

En Besalú hay ______________________________

Reus . . .

es ______________________________

está ______________________________

hay ______________________________

[1] **gótico, -a** gotisch (Kunststil)

7 El mejor lugar del mundo LEER / ESCRIBIR ▸ § 12

a) En una página web puedes encontrar opiniones sobre la mejor ciudad del mundo. Lee estas tres y decide cuál te gusta más. Escribe por qué.

www.miciudadfavorita.es

Wilson: 10 de junio 2:37 pm

Cartagena de Indias es la mejor ciudad para vivir. Está en el Caribe y hay unas playas fantásticas. Está llena de lugares para salir y además es una ciudad muy bonita. Lo mejor de Cartagena es la gente porque es muy abierta. Los colombianos siempre están contentos. Una cosa más, siempre hace sol. Estoy encantado de vivir aquí. Os la recomiendo.

El coco: 11 de junio 16:23 pm

Para mí no hay una ciudad mejor que Madrid. Es la capital de España y por eso tiene calles muy elegantes. Estar aburrido en Madrid es imposible porque hay muchas cosas para hacer: cines, teatros, bares, restaurantes, los mejores museos del mundo… Los madrileños son muy simpáticos. Es muy fácil hacer amigos. Si estás cansado de la ciudad, puedes ir a la sierra porque solo está a media hora del centro.

Artemisa: 11 de junio 17:44 pm

Hola, soy mexicana y vivo en Cuernavaca, una ciudad que está a 90 kilómetros de México D. F. Aquí siempre hace muy buen tiempo y los jardines están llenos de flores todo el año. Hay muchos monumentos del tiempo de los conquistadores, como el Palacio de Cortés. Los cuernavaquenses somos gente muy amable y nos gusta recibir a todas las personas que vienen a nuestra ciudad. Estoy enamorada de Cuernavaca.

b) Ahora escribe cuál es el mejor lugar del mundo para ti y por qué.

8 ¿Está bien? ▸ § 12

Lee las siguientes frases y subraya cuál es el verbo correcto.

1. Este té **es / está** demasiado caliente y no lo puedo tomar.
2. El libro que he leído esta semana **es / está** muy triste.
3. La película que vimos ayer **es / está** muy bien.
4. Me gusta ver la tele en este sofá porque **es / está** muy cómodo.
5. ¿Has ido a la playa? **Eres / Estás** un poco rojo…
6. Esta ensalada **es / está** muy sosa. ¡No tiene sal!
7. Comer muchas patatas fritas **es / está** malo.
8. **Soy / Estoy** aburrido porque mis amigos se han ido de vacaciones y no sé qué hacer.
9. La gente del sur **es / está** más abierta que la del norte.
10. Después de la fiesta la casa **era / estaba** muy sucia.
11. Este pollo **es / está** muy bueno. Me gusta mucho la salsa que lleva.
12. Le gusta ducharse tres veces al día. **Es / está** muy limpio.

9 ¿Cómo estás? ▸ § 12

Lee lo que dicen las siguientes personas y escribe una frase que resuma lo que dicen. Utiliza los adjetivos de la casilla.

aburrido • ~~enamorado~~ • contento • organizado • cómodo • triste • cansado

1. Todos los días le envío flores y le escribo mensajes de amor.
   Estoy enamorado.
2. Hoy he trabajado mucho y he dormido poco.
   ____
3. No me gusta salir, no me gusta bailar, no me gustan las fiestas…
   ____
4. ¡Por fin vacaciones! ¡Mañana me voy de viaje con mis amigos!
   ____
5. Mi mejor amigo se va a vivir a otro país.
   ____
6. Siempre escribo en mi cuaderno lo que voy a hacer todos los días.
   ____
7. Me gusta vivir en esta casa porque mi habitación es muy grande.
   ____

10 Mi ciudad LEER / MEDIACIÓN ▸ § 12

a) Lee la siguiente transcripción de una conversación entre dos chicos alemanes en un examen oral de español. Observa cómo usan *ser* y *estar* y marca los errores en la transcripción escrita.

—Thomas, ¿de dónde eres?
—De Colonia.
—Nunca he estado en Colonia. ¿Y cómo es tu ciudad?
—Es muy grande y es en Renania del Norte. Soy muy contento de vivir en mi ciudad.
—Yo quiero ir este verano.
—Seguro que te gusta, pero tienes que ir en carnaval. Es muy famoso. La gente sale a la calle durante toda la semana y hay fiestas en todas partes. Colonia es una ciudad muy abierta y la gente está muy simpática. Es muy cerca de Bonn y de Düsseldorf y también de Holanda. ¿Y tú de dónde eres?
—Yo soy de Múnich. ¿Has estado en Múnich?
—No, nunca, pero también quiero ir. ¿Cómo es?
—Está una ciudad muy limpia. Es la ciudad más grande del sur de Alemania y hay muchos lugares interesantes allí. La gente de Múnich está muy amable. Y en verano las calles están llenas de turistas.
—¿Es muy cerca de Austria y de Italia?
—Sí, está cerca de muchos países.

b) Explica el origen de cada error.

Hay errores en las líneas... ______ *porque...* ______

______

______

______

______

______

______

11 Simpatiquísimo ▸ § 15

Escribe los superlativos de las palabras en negrita.

1. El metro de Barcelona es muy **fácil** de utilizar, es ______
2. Las patatas en este bar están **saladas**, están ______
3. Mi novia es una persona muy **alta**, es ______
4. Barcelona es una ciudad **moderna**, es ______
5. Mi ciudad es más **grande** que esta, es ______
6. Este viaje es demasiado **caro**, es ______
7. El Día de Sant Jordi es una tradición **antigua**, es ______
8. Mis padres están muy **contentos** en la Costa Brava, están ______
9. Este curso de catalán es muy **bueno**, es ______
10. Mi hermano está **enfadado** porque no pudo ir con nosotros a las Ramblas, está ______

12 ¡Te quiero! ▸ § 15

Paula es muy romántica y necesita mucha atención de su novio. Completa el diálogo con superlativos.

—¿Me quieres?
—Sí, mucho, te quiero muchísimo __________.
—¿Te parezco guapa[1]?
—Guapa no, ______________________.
—¿Y crees que soy simpática?
—¿Simpática? ¡No! ______________________.
—¿Te gusta mi vestido? ¿Soy elegante?
—No eres elegante… Eres ______________________.
—Ya… pero a veces dices que no soy amable con la gente…
—¿Yo digo eso? Pero si tú con la gente siempre eres ______________________.
—Pues no lo entiendo porque parece que estás cansado de estar conmigo…
—Cansado no, más que cansado, ______________________.
—Pero ¿cómo puedes decir eso?
—Porque estoy aburridísimo de tus preguntas[2].

§ ¡Ojo!

Bei manchen Adjektiven ändert sich die Schreibweise:
simpático → simpatiquísimo
largo → larguísimo

Manche sind unregelmäßig:
antiguo → antiquísimo

13 Nunca repetimos ▸ § 14

Normalmente no se repiten los sustantivos en una frase. Transforma las siguientes frases.

1. —Mi profesor de español es mejor que tu profesor de español.
   — Mi profesor de español es mejor que el tuyo.
2. —Mi ciudad es bonita, pero la ciudad de María es mucho más bonita.
   — ______________________________
3. —Tu coche es más rápido que nuestro coche.
   — ______________________________
4. —Tu hermana es más simpática que mi hermana.
   — ______________________________
5. —Nuestros compañeros de clase son más aburridos que vuestros compañeros de clase.

   — ______________________________
   ____

[1] **guapo, -a** hübsch – [2] **la pregunta** die Frage

14 ¡Es mío! ▸ § 14

Juan y Mercedes son novios y comparten piso con dos estudiantes: Marta y Pedro. Hoy, Juan y Mercedes se van a cambiar de casa y están llevándose sus cosas del piso. En el piso está Marta, pero Pedro está en la universidad. Completa con los posesivos, como en el ejemplo.

Juan: ¡Uf! ¿Mercedes esta estantería es nuestra ?

Marta: No, no es ____________ , es ____________ .

Mercedes: Perdona, pero creo que no es ____________ . Es de Pedro.

Marta: No, no es ____________ , la estantería de Pedro es blanca. Esta estantería es ____________ porque me la compró mi madre para mi cumpleaños.

Mercedes: Bueno, pero el armario lo compramos Juan y yo el año pasado y es ____________ .

Marta: Sí, sí es ____________ .

Juan: ¿Y estos libros de arte? ¿Son de Pedro?

Marta: No, no son ____________ , esos libros son ____________ . Los compró Mercedes.

Mercedes: Sí, los compré la semana pasada. Son ____________ . Bueno Juan, creo que ya lo tenemos todo. ¿Nos vamos?

Marta: Un momento, os dejáis las sillas. Son ____________ .

Juan: ¡Ah, sí! Las del salón son ____________ , pero las de la cocina son de Pedro, ¿no?

Marta: Sí, las de la cocina son ____________ .

15 Expresiones MEDIACIÓN ▸ § 14

Explica a un amigo alemán el significado de estas expresiones.

1. Mi casa es tu casa.

   Mein Haus ist auch dein Haus.

2. Lo tuyo es nuestro, pero lo mío es mío.

   ____

3. ¡Dios mío!

   ____

4. El futuro no es nuestro, es de nuestros hijos.

   ____

5. Esto es el pan nuestro de cada día.

   ____

6. Cada uno sabe lo suyo.

   ____

L1/50 S 22

16 ¡A jugar! ESCUCHAR / LEER ▶ § 17

Unos chicos están jugando a un juego muy popular. Lee las siguientes frases, escucha su conversación y marca las que son verdad y las que son mentira.

	Verdad	Mentira
1. En 2010 España ganó el mundial de fútbol[1] en Sudáfrica, pero ya lo había ganado antes.	☐	☐
2. Cuando murió Gaudí ya había terminado la Sagrada Familia.	☐	☐
3. Antes de vivir en Francia, Picasso había vivido en Barcelona.	☐	☐
4. Cuando España entró en la Unión Europea, Portugal ya había entrado en la unión.	☐	☐
5. Cuando Javier Bardem recibió un Óscar todavía no se lo habían dado a Penélope Cruz.	☐	☐
6. Cuando Vargas Llosa recibió el Nobel en 2010 ya había recibido el Príncipe de Asturias.	☐	☐
7. Gala todavía no había muerto cuando murió Dalí.	☐	☐
8. Pau Gasol había ganado una medalla olímpica en Pekín antes de vivir en Estados Unidos.	☐	☐

17 Palabras nuevas

a) Estas palabras son nuevas para ti y las has aprendido en esta unidad. Escribe su traducción al alemán.

arquitectura ______________________

echar de menos ______________________

concentrarse ______________________

notar ______________________

ayuntamiento ______________________

miedo ______________________

enterarse ______________________

puerto ______________________

colaborador ______________________

estar ilusionado ______________________

b) Ahora elige algunas de esas palabras y escribe tres frases con ellas.

1. ______________________

____

2. ______________________

____

3. ______________________

____

[1] **el mundial de fútbol** die Fußballweltmeisterschaft

Unidad 4 Un mundo más justo

1 Exportaciones a todo el mundo ESCUCHAR

L1/61 S28 a) En esta unidad has visto de dónde son los productos que consumes en tu vida diaria. Escucha ahora el cedé y escribe los nombres de los productos que exportan algunos países de Europa.

1. Alemania exporta ______
2. España ______
3. Francia ______
4. Italia ______
5. Suiza ______

L1/62 S29 b) Escucha otra vez el cedé. Escribe ahora de qué países de América Latina se habla y en qué productos son ricos esos países.

1. ______ exporta ______

2. ______ tiene ______

3. ______ tiene ______

4. ______ exporta ______

2 Los sectores de la economía

a) En la página 58 de tu libro de texto has aprendido qué son los sectores primario, secundario y terciario. Vuelve a leer la definición de esos conceptos en el texto «Luces y sombras de la economía española» y clasifica los productos del ejercicio 1 en productos del sector primario y del sector secundario.

Sector primario	Sector secundario
naranjas	relojes

b) ¿Qué puedes concluir sobre las exportaciones de América Latina y Europa según el ejercicio anterior? Escribe verdadero (V) o falso (F).

1. América Latina exporta más productos del sector secundario. ☐
2. Europa exporta más productos del sector secundario. ☐

3 ¡Cuántos verbos en futuro! ▸ § 18, 19

a) En futuro, ¿cuáles de estos verbos son regulares y cuáles son irregulares? Clasifícalos.

poner • conocer • decir • dormir • saber • escribir • hacer • pensar • poder • querer • ser • tener • tomar • venir • vivir • salir • volver

Regulares	Irregulares

b) Ahora conjuga estos verbos.

infinitivo	tomar	hacer	decir	saber	tener	querer
yo						
tú						
él, ella / usted						
nosotros, -as						
vosotros, -as						
ellos, ellas / ustedes						

4 El futuro de los jóvenes ▸ § 18, 19

a) Los jóvenes españoles tienen una visión negativa del futuro y piensan que no van a tener trabajo. Estas son algunas de las críticas que hacen al Gobierno de su país. Completa las frases en futuro.

1. En el futuro, el paro en España **(ser)** ________________ cada vez mayor.
2. No **(haber)** ________________ puestos de trabajo para todos.
3. La mayoría de los empleados **(recibir)** ________________ solo mil euros al mes.
4. Las condiciones justas de trabajo **(desaparecer)** ________________.
5. La formación no nos **(servir)** ________________ para encontrar un trabajo.
6. Nuestro sueño de comprar una casa algún día no **(existir)** ________________ más.
7. Nuestro miedo al futuro **(crecer)** ________________.
8. Nosotros nunca **(poder)** ________________ tener tantas cosas como nuestros padres.

b) Compara tu visión del futuro con la de los jóvenes de España: explica si los jóvenes alemanes tienen los mismos problemas que ellos. Escribe una redacción corta en tu cuaderno.

5 El trabajo en una granja ecológica ESCRIBIR ▸ § 20

a) En las granjas ecológicas se trabaja en buenas condiciones. Observa esta granja y describe al menos cinco aspectos positivos para los trabajadores o los animales. Las leyendas en la ilustración te ayudarán.

1. Los animales viven en la naturaleza. Pueden correr y son libres.
2.
3.
4.
5.
6.
7.

b) Una chica de Cádiz trabajará este verano en la granja ecológica. Describe cinco actividades que posiblemente hará allí. Los verbos de la casilla y otros que ya conoces te pueden ayudar.

~~cultivar~~ • conducir • poner • preparar • cuidar • llevar • vender

En la granja ecológica ella cultivará…

6 Mundo Solidario MEDIACIÓN

a) Mundo Solidario es una organización de Navarra, España, que trabaja con tiendas de comercio justo. Un amigo alemán que va a vivir allí quiere conocer la organización, pero no comprende la información que aparece en su página web. ¿Puedes explicarle qué es Mundo Solidario y qué hace?

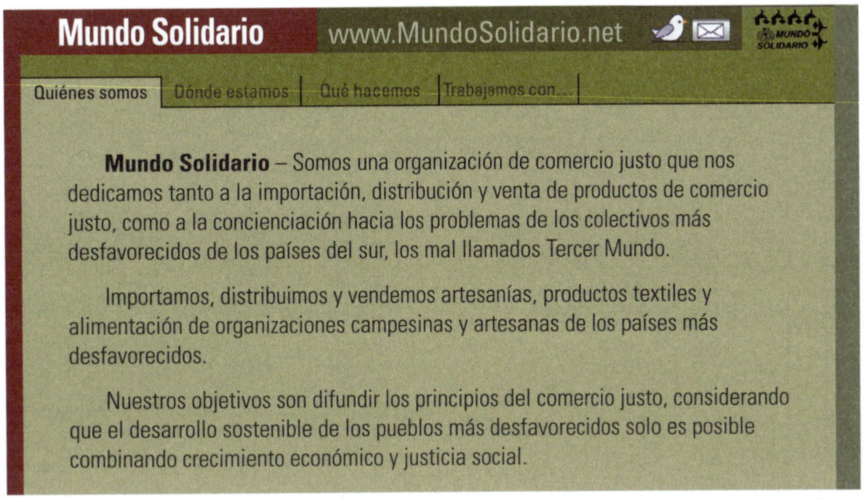

Mundo Solidario www.MundoSolidario.net

Quiénes somos | Dónde estamos | Qué hacemos | Trabajamos con...

Mundo Solidario – Somos una organización de comercio justo que nos dedicamos tanto a la importación, distribución y venta de productos de comercio justo, como a la concienciación hacia los problemas de los colectivos más desfavorecidos de los países del sur, los mal llamados Tercer Mundo.

Importamos, distribuimos y vendemos artesanías, productos textiles y alimentación de organizaciones campesinas y artesanas de los países más desfavorecidos.

Nuestros objetivos son difundir los principios del comercio justo, considerando que el desarrollo sostenible de los pueblos más desfavorecidos solo es posible combinando crecimiento económico y justicia social.

b) En las tiendas solidarias encuentras muchos productos, desde alimentos hasta regalos y material de información. Escribe qué productos vende esta tienda según las diferentes categorías.

Ropa: blusas, ...

Bebidas:

Alimentos:

Información:

Cosas para la oficina:

Música:

Otros:

c) Si vas a esta tienda, ¿qué productos te gustaría comprar? Explica por qué.

7 El chico nuevo de la clase ▸ § 20

Va a venir a la clase un chico nuevo y todos están muy curiosos. Dos chicos de la clase lo ven en la pausa y hablan de él. Completa las frases con los verbos de la casilla.

~~llamarse~~ • tener • hablar • ser (2x) • vivir (2x) • poder • querer • gustar • conocer

Heinz: ¿Cómo se llamará ____________ ?

Bernd: Me han dicho que no es alemán y que se llama Huáscar.

Heinz: ¿Huáscar? ¿De dónde ____________ ? ¿De África?

Bernd: No, no creo. ¿____________ latinoamericano?

Heinz: Puede ser. Así se llamaba el hermano del emperador inca Atahualpa. ¿Te acuerdas?

Bernd: Sí, lo estudiamos en la clase de Historia. ¿____________ alemán?

Heinz: No sé… ¿____________ aquí desde hace mucho tiempo?

Bernd: Quién sabe… ¿Cuántos años ____________ ?

Heinz: Parece menor que nosotros… ¿____________ ya a alguien en el instituto?

Bernd: Pienso que no. Mira, está solo. ¿____________ hacerse amigo nuestro?

Heinz: ¿Por qué no? ¿Lo invitamos a jugar a fútbol[1]? ¿Le ____________ ?

Bernd: Pienso que sí. Pero, ¿____________ cerca? Los martes empezamos muy temprano…

Heinz: ¿____________ practicar también los jueves?

Bernd: Mejor se lo preguntamos a él. ¡Vamos!

8 ¡Qué día! ▸ § 21

a) Alejandro vende películas cerca de una estación de metro en Buenos Aires. Él sabe que su trabajo es ilegal y a veces tiene problemas. ¿Cómo los soluciona? Relaciona las frases de la izquierda con las de la derecha y escribe la letra correspondiente en cada casilla. El resultado es una palabra que has aprendido en esta lección.

1. Si veo a la policía en la calle donde estoy,	
2. Si hay muchos chicos vendiendo películas en ese lugar,	
3. Si el tiempo no es bueno,	
4. Si tengo hambre,	
5. Si no tengo una película en ese momento,	
6. Si el cliente quiere,	
7. Si el día es muy duro,	
8. Si es fin de semana,	

- **M** pongo un plástico sobre las películas.
- **E** como el bocadillo que he llevado de casa.
- **I** descanso un poco y bebo algo.
- **C** me voy rápidamente de ese lugar.
- **O** trabajo tan duro como cualquier otro día.
- **R** le pido al cliente que vuelva al otro día.
- **O** cambio de calle para no tener problemas con la policía.
- **C** le llevo a la casa las películas que no tengo allí.

b) ¿Qué piensas de los trabajos ilegales como el de Alejandro? Escribe una redacción corta en tu cuaderno.

[1] **jugar *(-ue)* a fútbol** Fußball spielen

9 Una visita importante ▸ § 21

a) El señor Roux, director de una organización internacional de derechos humanos, viaja desde París a Perú para conocer el trabajo de una ONG. Luis Eduardo Romero, el director de la ONG en Perú, va a buscarlo al aeropuerto. Como es una visita muy importante y tienen una reunión ese mismo día, el señor Romero ha pensado en todos los posibles problemas que puede tener y en las posibles soluciones para cada situación. Escribe cuáles son los planes del señor Romero.

El mal de montaña

El «mal de montaña» o soroche es muy común cuando viajas a un país que está a muchos más metros sobre el nivel del mar que el país de donde vienes. El cuerpo necesita un tiempo para adaptarse a la altura y la gente siente que le falta oxígeno. Muchos turistas en Perú tienen este problema durante los primeros días de sus vacaciones. Tomar mucha agua ayuda a solucionar el problema.

1. Wenn das Flugzeug Verspätung hat, werde ich im Meeting anrufen um zu sagen, dass sie auf uns warten sollen.

____

____

2. Wenn seine Sachen nicht rechtzeitig kommen, werde ich sie später vom Flughafen abholen.

____

____

3. Wenn ich ein Problem mit meinem Auto habe, werde ich ein anderes mieten.

____

4. Wenn es an diesem Tag zu viel Verkehr gibt, werde ich einem anderen Weg nehmen.

____

5. Wenn er nach der Reise krank ist, werde ich ihm sagen, dass er viel Wasser trinken soll.

____

____

6. Wenn er jet lag hat, werde ich ihm sagen, dass er nachts im Hotel etwas Sport machen soll.

____

____

7. Wenn er Geld wechseln muss, werde ich ihn zu einer Bank in der Nähe bringen.

____

8. Wenn er mich um Information bittet, die ich nicht weiß, werde ich unsere Sekräterin fragen.

____

b) Tener un «plan b» es siempre muy útil para solucionar los problemas inesperados.
Piensa en tres situaciones problemáticas de tu vida cotidiana y plantea tres posibles soluciones.

1. ______________________________
2. ______________________________
3. ______________________________

10 Tú también puedes ayudar ESCRIBIR ▸ § 21

World Vision es una organización internacional de ayuda para los niños más pobres de todo el mundo. Lee esta información tomada de su página web en España y escribe un correo a la organización. Explica que tú quieres ayudar y di por qué piensas que es buena idea hacerlo.

Cuando apadrinas[1], le das a un niño:
1. Una vida más sana.
2. Alimentos.
3. Una mejor educación.
4. Mejores condiciones de vida para su familia y la gente de su región.

Las cosas que tú recibes:
1. Fotos del niño.
2. Mensajes del niño.
3. Información sobre cómo está el niño.
4. Información sobre el proyecto en el que ayudas.
5. Información sobre cómo se utiliza el dinero que das.

11 ¿Cuánto sabes de la economía de España?

a) Vuelve a leer el texto de la página 58 de tu libro de texto, «Luces y sombras de la economía española». Después, elige la respuesta adecuada: verdadero (V) o falso (F).

	V	F
1. La industria española es muy importante en el mercado europeo.	☐	☐
2. Los productos de la industria química española se exportan sobre todo a Latinoamérica.	☐	☐
3. La moda, la banca y los automóviles hacen parte del sector terciario o de servicios.	☐	☐
4. Las importaciones españolas de la Unión Europea son mayores que las exportaciones de España a la Unión Europea.	☐	☐

b) Ahora, sin mirar el texto, marca con ✓ la respuesta correcta.

1. En España hay mucha tasa de paro. ☐
   En España hay poca tasa de paro. ☐
2. Casi ⅔ de las exportaciones de España van a la Unión Europea. ☐
   Casi ¾ partes de las exportaciones de España van a la Unión Europea. ☐

[1] **apadrinar** eine Patenschaft übernehmen

3. España es en este momento la sexta economía del mundo. ☐
   España es en este momento la octava economía del mundo. ☐
4. El norte de España es muy rico. ☐
   El norte de España es muy pobre. ☐
5. Más del 75% de las importaciones de España vienen de la Unión Europea. ☐
   Más del 65% de las importaciones de España vienen de la Unión Europea. ☐

12 Más información LEER ▸ § 22, 24

a) La gráfica presenta el número de extranjeros en España entre los años 2008 y 2010. Contesta las preguntas.

Inmigrantes en España						
	01/01/2008		01/01/2009		01/01/2010	
	Número	%	Número	%	Número	%
UE-27	2.102.654	39,9	2.266.808	40,5	2.459.180	42,8
Resto de Europa	211.771	4,0	221.004	3,9	220.276	3,8
África	909.757	17,3	998.024	17,8	928.602	16,2
América del Norte	49.620	0,9	51.921	0,9	52.166	0,9
América Central y el Caribe	172.230	3,3	191.717	3,4	200.252	3,5
América del Sur	1.563.040	29,7	1.573.347	28,1	1.591.302	27,7
Asia	256.728	4,9	292.961	5,2	292.786	5,1
Total	**5.268.762**		**5.598.691**		**5.747.734**	

1. ¿Cuál es el mayor grupo de extranjeros en España en el año 2010? ____________________
2. ¿Y cuál es el menor? ____________________
3. ¿Qué porcentaje de extranjeros había en España en 2010, si la población del país era 46.951.532? ____________________
4. ¿En qué año ha habido más africanos en España? ____________________

b) Ahora lee la gráfica otra vez y escribe una frase con cada expresión de la casilla.

un…% • casi un… • tanto como… • más de… • más… que… • la mayoría de… • ½, ⅓, ¼…

→ Casi la mitad de los extranjeros en España entre 2008 y 2010 vienen de la Unión Europea.

1. ____________________
2. ____________________
3. ____________________
4. ____________________
5. ____________________
6. ____________________
7. ____________________

13 Muchas órdenes ▸ § 25

¿Cuál es el imperativo de estos verbos? Utilza la tercera persona del singular *(usted)*.

Horizontales
1. empezar
2. volver
3. dormir
4. conducir
5. decir

Verticales
6. venir
7. salir
8. poner
9. ser
10. pedir
11. escribir
12. tener

14 También hay que respetar a los animales

a) Los alumnos de un instituto en Guadalajara, México, visitan hoy el zoológico de su ciudad. Con los verbos de la columna izquierda y las frases de la derecha escribe las recomendaciones del profesor que los acompaña. Las letras junto a los verbos y a las frases te dan al final un mensaje importante.

M	cuidar	a los animales	U
B	respetar	al guía	N
T	escribir	si no entienden algo	O
T	ser	en silencio	P
M	estar	con su comportamiento responsable	N
O	esperar	a los demás	R
E	escuchar	su nombre en el libro de visitas	A
E	colaborar	amables con el guía	O
C	preguntar	las plantas también	I

1. Respeten a los animales.
2.
3.
4.
5.
6.
7.
8.
9.

b) ¿Cuál es el mensaje? ______

15 Un mundo mejor ▸ § 25

Mira estas situaciones y escribe un comportamiento responsable en cada caso. Utiliza los verbos en imperativo de *usted*.

1

Ayude a las personas que lo necesitan.

2

3

4

5

6

7

8

16 Ayudar es fácil ▸ § 26

Ángela debe cuidar hoy a sus hermanos menores para ayudar a su madre. Escribe en los globos las recomendaciones que le hace su madre conjugando los verbos y sustituyendo los complementos por pronombres.

1. **Dar** buen ejemplo a tus hermanos menores. Dáselo.
2. **Comprar** al señor de la tienda todo lo que necesita Martín.
3. **Pedir** a Martín la ropa para lavar. Siempre la deja en el baño.
4. **Poner** los zapatos a Jorge.
5. **Contar** una historia bonita a Jorge antes de llevarlo a la cama.
6. **Escribir** un correo a vuestro abuelo.
7. **Preparar** la merienda para tus hermanos.
8. **Decir** a Jorge y a Martín que hoy deben ser buenos contigo.

Unidad 5 ¡Buen viaje!

1 Un tipo de turismo para cada gusto LEER / ESCRIBIR

a) Lee lo que dicen estas personas sobre sus gustos y relaciona cada comentario con una de esas personas. Escribe el número de la foto junto a cada comentario.

1

Gabriela

2

Claudia

3

El señor y la señora Echavarría

4

Antonia

☐ A mí lo que más me gusta es salir por la noche y estar con mis amigos. Todos los viernes y sábados me pongo algo bonito y voy a divertirme a una discoteca o a un bar. Me encanta bailar. Bailo tango y salsa y también un poco de flamenco. En enero voy a ser profesora de un grupo de baile. Para mí eso no es trabajo porque lo disfruto mucho.

☐ No soporto el calor, el sol, el turismo de masas, las tiendas… Odio ir de compras. Por eso me voy a las montañas siempre que puedo, cuando hace calor y cuando hace frío. Me gusta mucho la tranquilidad de la naturaleza. Normalmente escalo en las montañas, hago excursiones en bicicleta o salgo a caminar. Me encanta hacer cosas nuevas.

☐ En mis vacaciones no quiero hacer nada. Bueno… la verdad es que sí hago dos cosas: la primera es descansar mucho y la segunda es probar los platos típicos de los lugares que visito. ¿Ganar tres o cuatro kilos en una semana por comer mucho? Eso no es un problema para mí. ¡Es una maravilla disfrutar de la buena mesa! Estar delgada no me parece tan importante como a otras personas.

☐ Está claro, lo más interesante es ver castillos, catedrales, museos, ruinas y monumentos. ¿Para qué perder el tiempo en la playa o en una montaña? ¡Eso es aburrido! Preferimos leer y aprender sobre la historia y el pasado del mundo. Cada ruina, cada castillo, cada pintor cuenta una historia increíble de su época. Eso no lo aprendes en la playa.

b) ¿Qué tipo de turismo es mejor para cada una de las personas del ejercicio anterior?

turismo cultural | turismo de deporte y aventura | turismo gastronómico | turismo de fiesta

Para Gabriela lo mejor es el turismo…

____

____

c) De los cuatro tipos de turismo anteriores, ¿cuál te gusta más a ti y cuál te gusta menos? ¿Por qué?

Prefiero…

____

____

No me gusta…

____

____

200 €	100 €	50 €
200 €	100 €	50 €
200 €	100 €	50 €

50 €

a) Ich bin … / Ich heiße …

Variante 50 € 50 €

b) Ich bin aus …

100 €

a) Hallo, wie geht's? / Hallo, wie geht es dir? / Hallo, alles klar?

Variante 100 € 100 €

b) Wie ist deine E-Mail-Adresse?

200 €

a) Wie schreibt man deinen Nachnamen?

b) Tschüs. / Bis später! / Bis zum nächsten Mal!

Variante 200 € 200 €

50 €

a) Ich mag gerne ausgehen, Musik hören, Sport treiben …

b) … mag ich überhaupt nicht.

100 €

a) Am Wochenende gehe ich immer mit meinen Freunden aus, ich gehe fast immer ins Kino, manchmal gehe ich in eine Diskothek.

b) Mir auch nicht. / Mir schon.

200 €

a) Warum gehen wir an diesem Wochenende nicht ins Kino? / Hast du Lust, dieses Wochenende ins Kino zu gehen? / Gehen wir dieses Wochenende ins Kino?

Variante 200 € 200 €

b) Treffen wir uns heute Abend auf der Plaza Mayor?

50 €

a) Ich bin … Jahre alt.

b) In dem Klassenraum gibt es eine Tafel, Tische, Stühle, Bücher, Kugelschreiber …

100 €

a) Wie spät ist es? Es ist Viertel vor fünf (16.45).

b) Wann öffnet die Bibliothek?

200 €

a) Montags und donnerstags habe ich Mathe. Sport habe ich am Mittwoch und am Freitag. Physik und Chemie habe ich am Dienstag und am Donnerstag.

b) Um … stehe ich auf, dann dusche ich, ich frühstücke, putze mir die Zähne und um … Uhr gehe ich aus dem Haus.

50 €	100 €	200 €
a) Ich suche eine Wohnung in einem ruhigen Stadtviertel.	a) Es gefällt mir nicht, bei meinen Eltern zu wohnen, ich möchte lieber in einer Wohngemeinschaft leben. (Ich würde gerne in einer Wohngemeinschaft wohnen.)	a) Entschuldigung, wo ist der Prado [= das Pradomuseum]? / Wie komme ich zum Prado? / Wissen Sie, wo der Prado ist? Variante 200 € 200 €
b) Wie viele Quadratmeter hat deine Wohnung?	b) In Madrid gibt es 318 Metrostationen.	b) Du gehst geradeaus und biegst dann in die zweite Straße links ab.

50 €	100 €	200 €
a) Zuerst muss man Leute einladen, dann muss man Essen und Trinken kaufen und am Schluss muss man putzen.	a) Begleitest du mich zum Supermarkt? / Kannst du mich zum Supermarkt begleiten? Variante 100 € 100 €	a) Was kostet ein Baguette?
b) Es tut mir Leid. Aber ich kann nicht zu dem Fest kommen, weil ich lernen muss.	b) Mein Geburtstag ist am …	b) Zunächst schäle und schneide einige Kartoffeln und Zwiebeln. Brate [alles] in einer Pfanne mit Öl an. Dann schlag einige Eier mit ein wenig Salz. Gieße alles in eine Pfanne. Warte einige Minuten und drehe dann [alles] um.

50 €	100 €	200 €
a) Ich meine, dass der Bus ein preiswertes und ökologisches Transportmittel ist.	a) In Andalusien ist es normalerweise sonnig, sehr heiß und manchmal ist es windig.	a) Ich empfehle euch das Hotel San Juan, weil es im Zentrum liegt und an der Rezeption tolle Leute arbeiten.
b) Der Zug ist langsamer als das Flugzeug. / Der Zug ist weniger schnell als das Flugzeug. Variante 50 € 50 €	b) Was ist das beste Transportmittel, um vom Bahnhof zu dir zu fahren? / Wie kann ich vom Bahnhof zu dir fahren? Variante 100 € 100 €	b) Was hast du in Malaga gemacht? / Was hast du gesehen? / Wohin bist du gefahren? / Was hast du gegessen? / Wo hast du geschlafen? Variante 200 € 200 €

200 €	100 €	50 €
200 €	100 €	50 €
200 €	100 €	50 €

200 €	100 €	50 €
200 €	100 €	50 €
200 €	100 €	50 €

50 €	100 €	200 €
a) Ich möchte gerne … werden. / Ich würde gerne als … arbeiten. Variante 50 € 50 €	**a)** In der Schweiz spricht man einige Sprachen: Deutsch, Italienisch, Französisch…	**a)** Ich empfehle dir, ein Praktikum in Spanien zu machen. Aber du musst dem Hoteldirektor schreiben und ihn fragen, ob er Arbeit hat.
b) Ich spreche ziemlich gut Spanisch und perfekt Englisch.	**b)** Ich kann nicht kochen, aber andere Sachen [machen], zum Beispiel …	**b)** Ich bin eine offene, organisierte und flexible Person. Sechs Monate habe ich ein Praktikum in einem Fremdenverkehrsamt gemacht und zwei Monate in einem Restaurant gearbeitet.

50 €	100 €	200 €
a) Die Farben, die mir am meisten gefallen, sind …	**a)** Ich hätte gerne dieses grüne Hemd. Haben Sie es in der Größe M?	**a)** Welche von diesen / den (beiden) Jacken magst du lieber?
b) Heute trage ich Jeans, einen blauen Pullover, ein weißes T-Shirt und schwarze Schuhe.	**b)** Dieses schwarze T-Shirt passt zu allem. / Dieses schwarze T-Shirt kann man mit allem kombinieren. Variante 100 € 100 €	**b)** Das Mädchen mit dem roten Kleid, die eine Brille trägt, ist die Rezeptionistin des Hotels und der ältere Mann mit den braunen Hosen, der gerade etwas aufschreibt, ist der Direktor.

50 €	100 €	200 €
a) Was kostet eine Flasche Wasser?	**a)** Entschuldigung, ein wenig Salz für die Tortilla, bitte.	**a)** In diesem Salat sind Zwiebeln. Und ich bin dagegen allergisch. Ich möchte einen anderen Salat ohne Zwiebeln.
b) Herr Kellner! Einen Orangensaft, bitte.	**b)** Entschuldigung, aber ich esse kein Fleisch, weil ich Vegetarier bin.	**b)** Guten Appetit! / Danke.

2 ¿Indicativo o subjuntivo? ▶ § 27

a) Subraya los verbos que están en subjuntivo.

reservas, coma, decida, aceptamos, odiéis, soportéis, pele, mate, habla, hablemos, apoyan, chateen, prepare, caminen, ordenan, regreses, mire, escribís

b) Conjuga en subjuntivo uno de los verbos de arriba en cada terminación.

infinitivo	________-ar		________-er		________-ir	
yo						
tú						
él, ella / usted						
nosotros, -as						
vosotros, -as						
ellos, -as / ustedes						

3 Solo cambia la ortografía § 27, 28

a) Relaciona las tarjetas (dos o tres en cada caso) para conseguir al menos una forma del subjuntivo de seis verbos diferentes.

camos, noz, quemos, camos, si, crez, utili, ca, ca, go, gáis, gue, si, co, pa, záis, conoz, ces, crez, guis, bus, gamos

_______________ _______________ _______________

_______________ _______________ _______________

b) Intenta encontrar al menos diez verbos que ya conoces y que tienen en subjuntivo los mismos cambios de ortografía del ejercicio anterior.

____

____

____

____

____

4 Las fotos de las vacaciones ▸ § 28

Jaime y Ana están mirando sus fotos de las últimas vacaciones. Lee las leyendas que han escrito en cada foto y completa cada leyenda con uno de los verbos de abajo. Utiliza la opción más lógica. Después, conjuga esos verbos en todas las personas del subjuntivo.

perder | saber | divertirse | querer

1. ____
   ____
2. ____
   ____
3. ____
   ____
4. ____
   ____

1. A Juanita le encanta que su nueva amiga __________ con ella y con Pedro.

2. Es estupendo que nuestro hijo también __________ nadar.

3. ¡Es genial que él __________ la cabeza por ella, y ella por él!

4. Mi amor, ¡me alegra que me __________!

5 Irregulares muy regulares ▸ § 28

a) Completa la tabla con los verbos en la primera persona en singular.

infinitivo	presente de indicativo	presente de subjuntivo
poner		
		venga
	salgo	
		tenga
	hago	

b) Completa la regla de la conjugación de este tipo de verbos.

Todos los verbos que terminan en ________ en la primera persona singular del presente de indicativo terminan en ________ en la primera persona del presente de subjuntivo.

6 ¿Dónde están los verbos? ▸ § 27, 28

Busca los verbos en subjuntivo y completa la tabla.

subjuntivo encontrado	infinitivo

E	B	S	E	Á	I	S	E
V	E	H	M	O	S	R	S
Y	N	A	C	S	E	A	T
A	A	Y	E	S	T	D	É
V	E	A	M	O	S	U	S
G	D	M	S	E	P	A	P
A	E	O	P	Y	E	C	E
N	N	S	V	A	Y	A	N

7 Muy malos amigos ▸ § 30

a) Los Reyes y los Pérez dicen que son muy buenos amigos, pero en realidad no se soportan. Cada familia quiere ser mejor que la otra en todo. Lee el siguiente diálogo y completa los verbos como en el ejemplo.

La familia Reyes: Jorge, Anita, Pepito y Juanita

La familia Pérez: Luis y Pepita

Sra. Reyes: ¡En agosto nos vamos tres semanas de vacaciones!

Sra. Pérez: ¿Ah, sí? Me alegra mucho que os vayáis tres semanas de vacaciones.
Nosotros nos vamos cuatro semanas.

Sra. Reyes: En las vacaciones vamos a hacer deportes de mar y playa.

Sra. Pérez: Excelente que ______________________________.
Nosotros vamos a hacer deportes de mar y playa y de montaña y desierto.

Sra. Reyes: Tenemos una reserva en un hotel de cuatro estrellas[1].

Sra. Pérez: Genial que ______________________________.
Nosotros tenemos una reserva en un hotel de cinco estrellas.

Sra. Reyes: Pensamos descansar todo el día en la playa y tomar el sol. ¡Lo necesitamos!

Sra. Pérez: Buenísimo que ______________________________.
Nosotros pensamos descansar todo el día y también toda la noche.

Sra. Reyes: Estamos felices de viajar con nuestros hijos.

Sra. Pérez: Ah… eh… es genial que ______________________________.
Nosotros, eh… nosotros…

b) Explica por qué al final del diálogo anterior la señora Pérez no sabe qué decir para superar a la señora Reyes.

____

____

8 ¡No me gusta! ESCUCHAR ▸ § 30

La familia de Antonio se va de vacaciones, pero Antonio no quiere viajar con sus padres.

L1/71 S 36 a) Escucha los planes de los padres de Antonio y marca las actividades que la madre dice que van a hacer.

	no lo dice	lo dice
1. Las vacaciones van a ser en grupo.	☐	☐
2. Las vacaciones son de turismo cultural.	☐	☐
3. Tienen que llevar zapatos cómodos.	☐	☐
4. Van a estar muy poco tiempo en el hotel.	☐	☐
5. Van a caminar mucho.	☐	☐

Campeche, México

b) A Antonio no le gustan los planes de sus padres. Completa con los verbos de la izquierda y con la explicación de por qué está enfadado.

decir
preguntar
querer

1. Antonio odia que sus padres ______________ ir de vacaciones con él porque ______________________________.
2. Antonio no soporta que su madre no le ______________ qué quiere hacer él en las vacaciones porque ______________________________.
3. A Antonio no le gusta que su madre le ______________ qué ropa debe llevar porque él ______________________________.

[1] **el hotel de cuatro estrellas** das Viersternehotel

9 ¿Vas a México? LEER/ESCRIBIR ▸ § 29

a) Claudia está leyendo un artículo muy interesante sobre México. Escribe una frase con cada una de sus reacciones.

Algunas cosas que debes saber si vas a viajar a México

¡Increíble!

En México D.F. hay autobuses solo para las mujeres y sus hijos. Mira bien porque si eres hombre, no los puedes tomar. El autobús de las mujeres es rosa y en él dice «servicio exclusivo para mujeres». Ah… y también debes saber que los mexicanos le dicen «camión» al autobús.

Si tienes problemas con los autobuses en México, puedes tomar un taxi. México es el país que tiene más taxis en todo el mundo. Ciudad de México, su capital, es la segunda ciudad con más población en el mundo.

¡Interesante!

¡Estupendo!

Tienes que probar la comida típica. Desde noviembre de 2010 la comida mexicana está en la lista de la Organización de Naciones Unidas para la Educación, la Ciencia y la Cultura (UNESCO). En esta cocina hay incluso algunos animales, como los chapulines, las hormigas[1] y las avispas[2], que se utilizan para preparar muchos platos.

En la comida mexicana también hay gusanos. Los gusanos son muy importantes para preparar el mezcal, la famosa bebida mexicana. Dicen que son muy saludables.

¡Qué sorpresa[3]!

El tequila y el mezcal se producen con la planta del agave. La diferencia entre el tequila y el mezcal es el gusano: el tequila no tiene gusano. En México hay doscientas especies de agave.

¡Qué horror!

Los chapulines

El mezcal con gusano

La planta del agave

¿Y de compras? Los productos típicos mexicanos son maravillosos y se exportan a todo el mundo. ¡Que te diviertas en México!

¡Genial!

1. Sobre los autobuses: Es increíble que…
2. Sobre la población: Es interesante que…
3. Sobre la comida: Es estupendo que…
4. Sobre los animales: Es un horror que…
5. Sobre el agave: Me sorprende que…
6. Sobre los productos mexicanos: Es genial que…

b) Ahora escribe tú en tu cuaderno cuatro frases impersonales sobre otros aspectos del texto que te parezcan curiosos, interesantes o importantes. Explica por qué piensas así.

[1] **la hormiga** die Ameise – [2] **la avispa** die Wespe – [3] **¡Qué sorpresa!** Was für eine Überraschung!

10 Con infinitivo y con subjuntivo ▸ § 30

a) Completa las reacciones de estos turistas a los siguientes anuncios de vacaciones: una vez con inf nitivo y otra con subjuntivo.

1 José	2 Ángela	3 Enrique
VACACIONES EN ACAPULCO: ¡PLAYA, SOL Y FIESTAS! Y VIENEN MUCHOS TURISTAS DE TODO EL MUNDO.	CONOZCA UXMAL, DESCUBRA LA CULTURA MAYA Y VISITE LAS INCREÍBLES PIRÁMIDES MAYAS. ES MÁS BARATO VIAJAR EN GRUPOS QUE SOLO.	ARTE, HISTORIA Y FOTOS. ¡LOS MUSEOS DE CIUDAD DE MÉXICO TE ESPERAN! LA VIDA EN CIUDAD DE MÉXICO EMPIEZA POR LA NOCHE.
👍 playa, sol, fiestas	👍 la ciudad, la cultura maya, las pirámides	👍 arte, historia, fotos
👎 van muchos turistas	👎 es más barato viajar en grupos	👎 la vida empieza por la noche
José lee el anuncio sobre Acapulco y comenta: Me gusta *estar en la playa, tomar el sol e ir de fiesta.* ______ No soporto que *vayan muchos turistas.* ______	Ángela lee el anuncio sobre Uxmal y dice: Me interesa ______ ______ ______ ______ No me gusta que ______ ______	Enrique lee el anuncio sobre Ciudad de México y dice: Me encanta ______ ______ ______ Odio que ______ ______ ______

b) Ahora el turista eres tú. Responde al anuncio con lo que te gusta y lo que no te gusta. Si la necesitas, busca información sobre Puebla en Internet.

¿PUEBLA? UNA BONITA CIUDAD CON ARQUITECTURA ANTIGUA. SU COMIDA TAMBIÉN ES MUY ESPECIAL: PRUEBA EL MOLE POBLANO, UN PLATO CON POLLO Y CHOCOLATE.	Tú lees el anuncio sobre Puebla y dices: ______ ______ ______

11 ¿Qué te parece? ▸ § 29, 30, 31

Estás de vacaciones en la playa y ves el siguiente cartel. ¿Qué opinas de lo que (no) está permitido y de lo que (no) hay?

1. Me parece muy bien que **(estar)** ______ prohibidas[1] las barbacoas[2].
2. Dudo que la gente **(poner)** ______ la basura en su lugar.
3. Es normal que en la playa una persona **(mostrar)** ______ con una bandera si es posible estar en el mar.
4. Me encanta que **(tener)** ______ duchas[3].
5. Es necesario que **(haber)** ______ baños.
6. Me alegra que los caballos no **(poder)** ______ estar en la playa.
7. Odio que a mi perro[4] no le **(permitir)** ______ estar conmigo.
8. Me parece importante que una persona **(cuidar)** ______ que no pase nada en la playa.

[1]**prohibir** verbieten – [2]**la barbacoa** das Grillen – [3]**la ducha** die Dusche – [4]**el perro** der Hund

12 ¿Qué hacemos hoy? ▸ § 31

Gabriel y Eva quieren descansar de la ciudad y se van a pasar el f n de semana a un hotel. Pero hoy no logran ponerse de acuerdo en nada. Completa las frases.

Eva: Gabriel, ¿vamos a **jugar** al tenis[1]?

Gabriel: No, pref ero que hoy no juguemos al tenis.

Eva: ¿Crees que hoy **hay** mercado en la plaza? ¿Vamos?

Gabriel: No, no creo que ___ mercado hoy. Normalmente es durante la semana.

Eva: ¿Por qué no **vamos** a pasear en la bici?

Gabriel: No, no ___ a pasear en la bici. No tengo ganas de hacer deporte ahora.

Eva: Entonces, ¿me **acompañas** al supermercado, por favor?

Gabriel: No, hoy no, es mejor que te ___ mañana.

Eva: ¿Me **puedes** decir qué quieres hacer hoy?

Gabriel: Lo siento, pero no creo que ___ decirte qué quiero hacer. Ni yo lo sé…

13 ¡No puede ser! LEER ▸ § 31

¿Quieres participar en este blog de noticias increíbles? Reacciona y da tu opinión a favor y en contra.

1. En China una señora de ciento siete años busca novio. Nunca antes había querido vivir con un hombre, pero ahora sí. No quiere ser un problema para sus hermanos.

Estoy en contra de que ___

Como ella, opino que ___

2. Después de trabajar doce años para una cervecería[2], un trabajador pierde su puesto de trabajo en esa empresa por beber vino.

No pienso que ___

En mi opinión, ___

3. 

Construirán en Dubai una pirámide ecológica[3] en donde podrá vivir más de un millón de personas.

Estoy en contra de que ___

Pienso que ___

4. 

Un niño encontró en una playa de Rusia una botella con un mensaje que alguien puso en el mar hace veinticuatro años. El niño también encontró a la persona que escribió el mensaje.

Es lógico que ___

En mi opinión, ___

[1]**jugar *(-ue)* al tenis** Tennis spielen – [2]**la cervecería** die Brauerei – [3]**ecológico, -a** ökologisch

14 Trabajos de verano ▸ § 32

a) Julia va al extranjero a trabajar y explica sus razones para hacerlo. Marca con ✓ el significado de cada frase y subraya la preposición correcta.

	ein Grund	eine Meinung
1. **Para / Por** mí lo más importante es aprender un idioma.	☐	☐
2. Voy a la Costa Brava **para / por** mi novio. Él vive allí.	☐	☐
3. Pero también voy **para / por** mi trabajo.	☐	☐
4. **Para / Por** mi novio y **para / por** mí es tan importante ganar dinero como aprender mucho.	☐	☐
5. En la Costa Brava siempre hay trabajo **para / por** los turistas.	☐	☐
6. En el verano vienen muchos turistas **para / por** la playa y el sol.	☐	☐
7. **Para / Por** los turistas lo más importante es estar tranquilos y descansar.	☐	☐

b) Nada mejor que un buen libro cuando uno se va de viaje. Julia se lleva este libro a la Costa Brava. Completa las frases sobre el libro. Elige *por* o *para*.

El libro cuenta la vida de Tita, una chica que tiene muchos problemas **por/para** el estilo tradicional de vida que lleva su familia. **Por/Para** la madre de Tita, la hija más pequeña en la familia es responsable de cuidar a la madre hasta el final de sus días.

Por/Para Tita la actividad más importante que existe en la vida es cocinar. La cocina de su casa es su lugar favorito y es muy importante **por/para** ella.

Un día Tita conoce a Pedro y está muy feliz, pero no puede irse con él porque su madre no lo permite. Al final Pedro se va con la hermana de Tita **por/para** estar un poco más cerca de Tita, el gran amor de su vida. Tita no puede soportar esta situación tan triste.

Mucho tiempo después Tita conoce a otro hombre, pero tampoco puede irse con él **por/para** su amor hacia Pedro.

Como agua para chocolate es un buen libro no solo para leer sino también para aprender a cocinar comida mexicana.

15 Pon todo en su lugar ▸ § 33

Completa la tabla con el imperativo afirmativo y negativo.

	imperativo afirmativo			imperativo negativo		
	-ar	-er	-ir	-ar	-er	-ir
tú				no	no	no escribas
usted		lea		no	no	no
vosotros, -as	estudiad		escribid	no estudiéis	no	no
ustedes				no	no lean	no

16 Cosas que se ven en la playa ▸ § 33

Observa esta ilustración de un día en la playa. Después escribe ocho frases en imperativo afirmativo o negativo para las situaciones que ves.

→ No hagas grafitis en los edificios.

1. ______________________
2. ______________________
3. ______________________
4. ______________________
5. ______________________
6. ______________________
7. ______________________
8. ______________________

17 En otros idiomas

¿De dónde conoces estas palabras? Escribe las traducciones que conoces y explica en qué se diferencian las palabras con relación al español.

palabra	la conozco del inglés	la conozco del francés	la conozco del alemán	no la conozco	la mayor diferencia es
la siesta					
el turismo					
la pirámide					
la palmera					
el catamarán					
el mosquito					
el investigador					
la tragedia					
la especie					
el favor					

18 Más fácil de lo que parece

a) Escribe los contrarios y traduce las palabras.

1.		desconocido	conocido	
2.		desilusionado	ilusionado	
3.		injusto		
4.			acabado	
5.		independiente		

b) Explica en alemán qué significan en estos casos los prefijos *in* y *des*.

____

19 ¿Qué es importante? MEDIACIÓN

Está viviendo en tu casa un chico español que va a ir a México y no sabe qué debe hacer antes de viajar. Cuéntale lo que dice el Ministerio de Asuntos Exteriores de Alemania.

Was Sie vor und während der Reise tun können

- Sprechen Sie mit Ihrem Arzt über Ihr Reiseziel.

____

____

- Informieren Sie Angehörige oder Freunde über Ihre Reisepläne und -daten.

____

____

- Lassen Sie Ihre wertvollen Sachen zu Hause.

____

- Kaufen Sie sich und lesen Sie einen Reiseführer.

____

- Verfolgen Sie auch unterwegs die Nachrichten.

____

- Fragen Sie Ihren Reiseleiter oder andere vertrauenswürdige Personen, welche Gegenden sicher sind und welche nicht, besonders bei Nacht.

____

____

____

- Nehmen Sie nur so viel Bargeld mit, wie Sie für den Augenblick brauchen.

____

____

Kleiner Ratgeber für Ihre Urlaubsplanung

vor und während der Reise

20 Las vacaciones HABLAR

Después del verano te encuentras con un amigo y habláis sobre las vacaciones. Uno de vosotros cuenta cómo le ha ido en las vacaciones (B) y el otro le hace preguntas (A).

1. Machen Sie die Übung zu zweit. Einigen Sie sich, wer die Rolle A und wer die Rolle B übernimmt.
2. Setzen Sie sich einander gegenüber.
3. Stellen Sie sich abwechselnd die Fragen und antworten Sie mithilfe der Vorgaben. A beginnt.
4. Die Lösungsvorschläge helfen Ihnen, sich gegenseitig zu kontrollieren.
5. Wechseln Sie die Rollen nach einem Durchgang.

A
Fragen Sie Ihren Partner, wo er in den Ferien war.
Estuve de vacaciones en Barcelona.
Fragen Sie, wie es in Barcelona war.
Es una ciudad muy bonita y muy interesante. Hay de todo: playa, montaña, muchos lugares para salir por la noche, muchos museos…
Fragen Sie, ob es etwas gibt, was ihm / ihr nicht gefällt.
La ciudad me gusta mucho, pero no soporto que el centro no esté limpio.
Sie wollen wissen, was Ihr Partner in Barcelona gemacht hat.
Fui a la playa, visité la Sagrada Familia, compré ropa, salí por la noche y fui al Camp Nou.
Fragen Sie, ob etwas Besonderes passiert ist.
Sí. Estaba en la Rambla y quería ir al mercado de la Boquería. Antes de entrar en el mercado, alguien gritó mi nombre, y de repente vi que esa persona era un amigo mío que también estaba de vacaciones en Barcelona.
Fragen Sie, ob Ihr Partner gerne Leute im Urlaub trifft, die er kennt.
Si me encuentro con un amigo cuando estoy de vacaciones, me parece estupendo.
Sie wollen wisssen, ob Ihr Parner glaubt, dass er wieder einmal in Barcelona Urlaub machen wird.
Sí, creo que volveré algún día.

B
¿Dónde estuviste de vacaciones?
Antworten Sie, dass Sie in den Ferien in Barcelona waren.
¿Cómo es Barcelona?
Sie antworten, dass das eine sehr schöne und interessante Stadt ist. Es gibt alles: Strand, Berge, viele Möglichkeiten, um abends auszugehen, viele Museen …
¿Hay algo que no te gusta?
Die Stadt gefällt Ihnen gut. Aber es stört Sie, dass das Zentrum nicht sehr sauber ist.
¿Qué hiciste en Barcelona?
Sie waren am Strand, haben die Sagrada Familia besucht, Klamotten gekauft, nachts sind Sie ausgegangen und Sie waren in Camp Nou.
¿Te pasó algo especial en Barcelona?
Und ob: Sie waren in la Rambla und wollten zum *mercado de la Boquería* gehen. Bevor Sie hineingingen, rief jemand Ihren Namen. Plötzlich sahen Sie, dass das ein Freund von Ihnen war, der auch gerade Urlaub in Barcelona machte.
¿Te gusta encontrarte con gente que conoces cuando estás de vacaciones?
Klar. Das ist doch toll, wenn man einen Freund im Urlaub trifft.
¿Crees que volverás de vacaciones a Barcelona?
Sie glauben, dass Sie eines Tages bestimmt zurückkehren werden.

Portfolio 2

Evalúa tu progreso con la ayuda de esta lista. Escribe un ejemplo para cada objetivo de aprendizaje y califica con un ✓ tu respuesta.

Ya puedo... ✓	😊	🙂	☹️
... describir cómo es una ciudad o una región: La región donde vivo ________________________________ ________________________________	☐	☐	☐
... expresar si has estado o estuviste en un lugar: Nunca ________________ en ________________ Pero ____________ en ____________ en ____________	☐	☐	☐
... expresar el deseo de conocer un lugar y explicar por qué: Me gustaría ________________ a ________________ porque ________________________________	☐	☐	☐
... expresar estados de ánimo positivos o negativos: Estoy ________________ porque ________________	☐	☐	☐
... presentar un personaje famoso: Dalí ________________________________ ________________________________	☐	☐	☐
... describir una imagen o una foto: ________________________________	☐	☐	☐
... expresar posesión en contraste con lo que dice otra persona: —Mi familia es muy grande. —La ________________________________	☐	☐	☐
... hablar de acciones que pasaron antes de otras acciones: Cuando llegué a casa ________________________________ Antes de ________________ ya ________________	☐	☐	☐
... hablar sobre el futuro: En los próximos años en mi país ________________________________ ________________________________	☐	☐	☐
... expresar condiciones sobre el futuro: Si ________________________________	☐	☐	☐

Ya puedo ... ✓	😊	😐	☹️
... dar consejos o convencer (con imperativo): Si quiere un mundo mejor, no ________________	☐	☐	☐
... interpretar o reformular informaciones en un gráfico: «Exportaciones de España: 75% productos industriales, 3% productos agrícolas». ________________ ________________	☐	☐	☐
... expresar alegría: Me alegro de que ________________	☐	☐	☐
... expresar odio: Odio que ________________	☐	☐	☐
... expresar pena o lástima: Es una lástima que ________________	☐	☐	☐
... expresar preocupación: Me preocupa que ________________	☐	☐	☐
... expresar necesidad: Es necesario que ________________	☐	☐	☐
... valorar una información: Es interesante que ________________	☐	☐	☐
... expresar opinión: No creo que ________________ Estoy a favor de que ________________	☐	☐	☐
... usar superlativos: Mi hermana no es solo guapa, es ________________	☐	☐	☐

Unidad 6 Mi futuro profesional

1 ¿Dónde trabajan?

a) Observa este directorio en la recepción de un edificio de oficinas. ¿Dónde crees que trabaja cada una de estas personas? Pon el número en cada casilla.

1. **Susana Rojo Gómez**, entrenadora deportiva ☐
2. **Roberto Méndez Cabral**, técnico ecológico ☐
3. **Marta Abad Hernández**, ingeniera de telecomunicaciones ☐
4. **Gloria Forges Vigo**, fisioterapeuta ☐
5. **Esteban Vendrell Granica**, farmacéutico ☐
6. **Rosa Fernández Martínez**, asesora de banco ☐
7. **Merche Bonald Ubach**, profesora ☐
8. **Antonio Ojeda Borjas**, presentador ☐
9. **Silvia Ramírez Borrero**, diseñadora de moda ☐
10. **Adriana Moreno Herrera**, arquitecta ☐

b) ¿Qué crees que hace cada una de esas personas en su trabajo? Escribe una actividad para cada persona.

1. Trabaja con gente que va al gimnasio.
2. __________
3. __________
4. __________
5. __________
6. __________
7. __________
8. __________
9. __________
10. __________

2 Test de orientación profesional LEER / ESCRIBIR

a) Si quieres saber qué estudios son más adecuados para ti, haz el siguiente test.
Puntúa de 1 (no te gusta nada) a 5 (te gusta mucho). Después, suma los puntos que has tenido en cada apartado.

		1	2	3	4	5
A	Estudiar cómo viven los animales.					
	Encontrar soluciones a problemas de matemáticas.					
	Trabajar en un laboratorio.					
	Trabajar con personas que están enfermas en un hospital.					
	Total					
B	Aprender idiomas.					
	Estudiar Historia.					
	Leer muchos libros y revistas e información en general.					
	Dar clases en un instituto o en una universidad.					
	Total					
C	Construir puentes, edificios, aeropuertos…					
	Leer revistas sobre tecnología.					
	Solucionar problemas técnicos con coches, motos y otros medios de transporte.					
	Crear programas de informática.					
	Total					
D	Ir a conciertos, al cine y a exposiciones.					
	Utilizar el arte para mostrar tus ideas y lo que piensas.					
	Diseñar objetos, moda …					
	Hacer teatro.					
	Total					
E	Trabajar en un bar, un restaurante o un hotel.					
	Recibir a la gente y atenderla por teléfono.					
	Cocinar y preparar bebidas.					
	Comunicarte con la gente.					
	Total					
F	Leer datos e informes.					
	Llevar las cuentas de una empresa.					
	Estudiar diferentes productos y cómo producirlos y venderlos más baratos.					
	Llevar la organización de una empresa.					
	Total					

Ahora puedes ver tus resultados. Mira dónde obtuviste más puntos y así sabrás qué profesiones te van mejor.

A **Todo lo relacionado con la ciencia[1]:** matemático[2], biólogo[3], médico[4], etc.
B **Lengua y literatura y otras profesiones sociales:** historiador[5], periodista[6], profesor, etc.
C **La industria y la tecnología:** mecánico[7], ingeniero, informático[8], etc.
D **Las artes[9]:** pintor, diseñador[10], músico, etc.
E **Los servicios:** camarero, recepcionista, cocinero, etc.
F **La administración[11]:** gerente, secretario, asesor, etc.

b) Di en qué apartados (A, B, C, …) tuviste más puntos (nombra tres). Después, escribe en tu cuaderno qué profesión te interesa más de cada uno de esos tres apartados y explica por qué.

[1]**la ciencia** die Wissenschaft – [2]**el matemático / la matemática** der Mathematiker / die Mathematikerin – [3]**el biólogo / la bióloga** der Biologe / die Biologin – [4]**el médico / la médica** der Arzt / die Ärztin – [5]**el historiador / la historiadora** der Historiker / die Historikerin – [6]**el / la periodista** der Journalist / die Jounalistin – [7]**el mecánico / la mecánica** der Mechaniker / die Mechanikerin – [8]**el informático / la informática** der Informatiker / die Informatikerin – [9]**las artes** die Künste – [10]**el diseñador / la diseñadora** der Zeichner / die Zeichnerein – [11]**la administración** das Management

3 Los padres de Martina ▸ § 34

Los padres de Martina son muy duros y le piden muchas cosas. Haz frases como en el ejemplo.

1. decidir ya qué va a estudiar: *Queremos que decidas ya qué vas a estudiar.*
2. hablar con el orientador profesional:
3. estudiar una carrera relacionada con la tecnología:
4. hacer unas prácticas en una empresa:
5. viajar mucho:
6. aprender tres idiomas:
7. vivir un tiempo en otro país:
8. trabajar mucho:

4 Le han pedido que… ▸ § 34

Alberto ha tenido una mañana terrible. Todo el mundo le ha pedido cosas. ¿Puedes reformular las frases como en el ejemplo?

1. Antes de salir de casa, su hijo le ha dicho: «¿Por qué no me llevas a la escuela?».
   Su hijo le ha pedido que lo lleve a la escuela.
2. Se ha encontrado con un amigo y este le ha dicho: «¿Me ayudas a cambiar la rueda del coche?».
3. Cuando ha llegado a la oficina, la recepcionista le ha pedido: «¿Puede escribir un correo al señor López?».
4. Después, una secretaria le ha pedido: «Tiene que ir a buscar al director general al aeropuerto».
5. Más tarde, un cliente le ha llamado: «¿Puede decirme la dirección de la oficina en Madrid?».
6. Su jefe ha entrado en su oficina y le ha dicho: «Tiene que presionar más a los trabajadores».
7. Finalmente Alberto le ha dicho a su jefe: «¿Por qué no me sube el salario?».

5 Cuando, en cuanto y mientras ▸ § 35

Alberto está cansado de su trabajo y está pensando en cambiar de empresa. Completa las frases con el presente de indicativo o de subjuntivo.

1. Cuando **(ir)** ____________ a la oficina, siempre encuentro mucho tráfico.
2. En cuanto **(llegar)** ____________ a la oficina, la gente no para de llamar por teléfono.
3. Mientras **(estar)** ____________ en esta oficina, nunca estaré contento.
4. Cuando **(volver)** ____________ de vacaciones, hablaré con el jefe.
5. Mañana, en cuanto **(entrar)** ____________ a la oficina, buscaré a mi jefe.
6. Cuando **(llegar)** ____________ a casa, siempre es muy tarde.
7. Mientras mis hijos **(ser)** ____________ pequeños, tendré que trabajar en esta empresa.
8. En cuanto **(poder)** ____________ cambiar de trabajo, lo haré.
9. Mientras **(escribir)** ____________ informes, siempre tengo que hablar por teléfono y pensar en las ventas.
10. Cuando **(cambiar)** ____________ de trabajo, tendré menos estrés.

6 Antes o después... ▸ § 35

a) Completa las siguientes frases con información sobre ti.

1. Antes de ir a la cama siempre ____________
2. Antes de que empiecen las vacaciones ____________
3. Después de salir de clase siempre ____________
4. Después de que acabe el curso ____________

b) Ahora completa estas otras frases.

1. Todos los días hago ejercicio antes de ____________
2. Mi profesor de español no empezará la clase antes de que ____________
3. Siempre bebo agua después de ____________
4. Haré unas preguntas a mi profesor después de que él ____________
5. No aprenderemos nada diferente en clase antes de que todos ____________
6. Hay que pensar muy bien antes de ____________
7. Mis padres quieren saber qué voy a estudiar incluso antes de que yo ____________
8. Buscaré un piso después de que ____________
9. Terminaré la universidad antes de que ____________
10. No quiero ir en bus a casa hoy después de ____________

7 Aunque así sea ... LEER ▸ § 36

a) Lee las siguientes frases. ¿Qué definición corresponde a cada frase?

Aunque hace mal tiempo, voy a ir a la playa. [1]

Aunque haga mal tiempo, voy a ir a la playa. [ ]

1. Hace mal tiempo.
2. No sé si va a hacer mal tiempo.

Aunque trabajas poco, nunca tendrás problemas de dinero. [ ]

Aunque trabajes poco, nunca tendrás problemas de dinero. [ ]

3. No estamos seguros de si trabajas poco.
4. Trabajas poco.

Aunque tenga que pagar más, prefiero esta bicicleta, es mejor. [ ]

Aunque tengo que pagar más, prefiero esta bicicleta, es mejor. [ ]

5. No sé si tengo que pagar más.
6. Sé que tengo que pagar más.

Aunque la fiesta empiece antes, llegaremos a las ocho. [ ]

Aunque la fiesta empieza antes, llegaremos a las ocho. [ ]

7. Sabemos que la fiesta empieza antes.
8. No sabemos si la fiesta empieza antes.

Aunque no me conocen, me presentaré. [ ]

Aunque no me conozcan, me presentaré. [ ]

9. No sé si me conocen.
10. Sé que no me conocen.

b) Completa las frases de la columna de la izquierda con las de la derecha. Busca la continuación más lógica.

Aunque en Europa se hablan muchos idiomas,	1	A	aunque un día no existan los libros en papel.
No me pondré la chaqueta	2	B	a veces tengo problemas con los verbos.
Yo siempre tendré una biblioteca,	3	C	puedes entender a casi todo el mundo en inglés.
Aunque el español es fácil,	4	D	aunque mañana haga mucho frío.
Aunque no pueda dormir en toda la noche,	5	E	aunque tengo un salario muy bueno.
Aunque a España van muchos turistas,	6	F	no voy a decidir ahora qué voy a estudiar en el futuro.
Voy a buscar otro trabajo,	7	G	voy a acabar el trabajo de clase.
Aunque mis padres me presionen,	8	H	hay lugares muy tranquilos.

Solución: 1 C 2 ___ 3 ___ 4 ___ 5 ___ 6 ___ 7 ___ 8 ___

c) Identifica ahora al candidato favorito de la jefe de personal de una importante empresa. Ella ha escrito una nota sobre el candidato que menos le gusta. ¿Cuál es su favorito?

- Aunque parece inteligente, hay algo en él que no me gusta.
- Aunque es joven, no es guapo.
- Aunque tiene pelo bonito, no lo lleva bien.
- Aunque hace deporte, no lleva una vida sana.

Juan Carlos Gómez

Salvador Gutiérrez Pérez

8 En una oficina ESCUCHAR ▸ § 34, 35

L2/17 S42 a) En una oficina donde trabaja mucha gente pasan muchas cosas. Escucha los siguientes diálogos y completa los espacios en blanco.

1

1. Me voy a la reunión con los clientes de Bilbao.
2. Una cosa, en cuanto ________________ la reunión, llámanos para saber qué habéis decidido.
3. De acuerdo, cuando ________________, os llamo.
4. ¡Que ________________ todo bien!

2

1. Me preocupa que el sábado ________________ a trabajar. Es el cumpleaños de mi hijo…
2. No te preocupes. No creo que ________________ que venir si acabamos el trabajo el viernes.

3

1. Voy a salir ya a comprar. ¿Quiere que le ________________ alguna cosa?
2. Para mí nada, gracias. Hoy he traído algo de casa. Pero el señor Pérez quiere que le ________________ un bocadillo.

4

1. Un cliente ha llamado para pedir más productos. No lo entiendo…
2. Es normal que ese cliente ________________ más productos. Somos los mejores del mercado.
3. Sí, pero no es lógico que solo ese cliente ________________ tanto… Qué pena que los otros clientes no ________________ más.

L2/18 S43 b) Ahora vas a escuchar dos situaciones más. Responde las preguntas.

5

1. ¿Quiénes hablan? ________________
2. ¿De qué hablan? ________________
3. ¿De qué se alegra uno de ellos? ________________
4. ¿Qué hará el otro? ________________

6

5. ¿Quiénes hablan? ________________
6. ¿Qué ha recibido una de ellas? ________________
7. ¿Qué le encanta a una de ellas? ________________
8. ¿Sabe quién las ha enviado? ________________

9 Humor con médicos MEDIACIÓN / ESCRIBIR

a) Lee estos chistes sobre médicos. Después cuéntaselos en alemán a un amigo.

1

★ Diga treinta y tres.
★ XXXIII.

2

★ Doctor, me he caído y tengo un dolor horrible en las piernas.
★ No se preocupe, no es nada. Pronto estará trabajando.
★ ¡Qué bien! Además de quitarme el dolor, ¿me dará trabajo?

3

★ ¡Buenos días! Soy el doctor.
★ ¡María, te busca el doctor!
★ ¡Que venga mañana que estoy enferma!

4

★ Doctor, no sé lo que tengo.
★ Pues, tómese este medicamento que no sé para qué es.

5

★ Doctor, no puedo recordar nada.
★ ¿Y desde cuándo tiene usted este problema?
★ ¿Qué problema?

6

★ Doctor, cuando tomo café no duermo.
★ ¡Qué interesante! Yo cuando duermo, no tomo café.

1. Ein römischer Arzt sagt zum Patienten: ...

2.

3.

4.

5.

6.

b) ¿Sabes algún chiste de médicos en alemán? Imagínate que tienes que contárselo a un amigo español que no entiende el alemán. Escríbelo en español.

L2/19 S 44

10 En el médico ESCUCHAR

Escucha los siguientes diálogos y escribe qué les pasa a los pacientes y qué consejo les da la doctora.

1. El problema del paciente: ____________________
   El consejo de la doctora: ____________________
2. El problema del paciente: ____________________
   El consejo de la doctora: ____________________
   ____
3. El problema del paciente: ____________________
   El consejo de la doctora: ____________________
4. El problema del paciente: ____________________
   El consejo de la doctora: ____________________

11 Consejos ▸ § 37

Lee estos consejos y completa las frases. Utiliza: *mejor, peor, más* o *menos*.

1. Si tienes dolores en el brazo derecho, tienes que utilizarlo ____________. No hagas nada con él.
2. Es ____________ que no vaya al trabajo esta semana. Tiene que descansar.
3. Aunque no tengas hambre, tienes que comer algo. Si no comes, es ____________.
4. No vayas al fisioterapeuta, creo que es ____________ que vayas a caminar cada día un poco.
5. No haces nada cuando sales del instituto, no lees, no haces los deberes, tienes que estudiar ____________.
6. Prefiero la fruta, la verdura me gusta ____________.
7. Estás muy cansado porque solo has dormido cinco horas. ¿Por qué no duermes ____________?

12 ¡Que descanses! ESCUCHAR ▸ § 34

a) ¿Qué dirías en las siguientes situaciones?

1. Unos amigos se van de vacaciones y se están despidiendo. ____________________
2. Llegas a casa de tu amigo y en ese momento está comiendo. ____________________
3. Es viernes y te despides de tus compañeros de clase. ____________________
4. Un amigo se va a una fiesta y tú te quedas en casa. ____________________
5. Una de las personas con las que vives se va a la cama. ____________________

L2/20 S 45

b) Ahora escucha y comprueba si tus respuestas son iguales o parecidas.

c) En tu cuaderno, contesta estas preguntas sobre los diálogos.

Diálogo 1: ¿Adónde se van de vacaciones? ____________________

Diálogo 2: ¿Qué le pregunta la persona que está comiendo al amigo que llega? ____________________

Diálogo 3: ¿Qué harán estas personas este fin de semana? ____________________
____

Diálogo 4: ¿Quién hace una fiesta? ____________________

Diálogo 5: ¿Qué explicación da esa persona para irse a la cama? ____________________

13 ¿Subjuntivo o indicativo? ▸ § 39

Decide cuál es el tiempo verbal correcto: indicativo o subjuntivo. Lee bien las frases y subraya la correcta.

1. Estoy buscando a un entrenador deportivo que **lleve / lleva** gafas, se llama José María. Es un buen amigo mío.
2. Quiero comprar un libro que **tenga / tiene** información sobre las profesiones. ¿Tienen ustedes algún libro así?
3. Deja el infome donde **esté / está** el teléfono, sobre mi mesa. Lo necesito después.
4. ¿Conoces algún fisioterapeuta que **sea / es** muy bueno? Si hablo con alguno, podré decidir más fácilmente si esta profesión me gusta.
5. Quiero estudiar una carrera que **es / sea** divertida, pero no sé cuál. ¿Tal vez director de cine?
6. Voy a estudiar algo que sé que **me guste / me gusta**: arte o literatura.
7. En el futuro quiero trabajar en una empresa donde me **paguen / pagan** muy bien. Para mí el dinero es muy importante.
8. Siempre hago lo que mis padres **quieran / quieren,** pero esta situación tiene que cambiar.
9. Te quiero presentar a mi profesora, es aquella que **tenga / tiene** el pelo largo. Se llama Isabel Jaramillo.
10. Busco una carrera que **sea / es** corta. No quiero estar estudiando muchos años.

L2/21 S45

14 Palabras inacabadas ESCUCHAR ▸ § 40

a) Escucha las siguientes palabras y escribe *-ción* o *-sión* al final de cada una de ellas. ¿La persona que habla posiblemente es de Latinoamérica o de España? ¿Por qué?

1.	can			2.	informa		
3.	pres			4.	conversa		
5.	deci			6.	educa		
7.	rela			8.	traduc		
9.	invita			10.	produc		

b) Ahora, en la columna de al lado en el apartado anterior, escribe los verbos en infinitivo que corresponden a esos sustantivos.

c) ¿Qué otros sustantivos conoces con *-ción* o *-sión*? Escribe al menos diez.

Unidad 7 Colombia te enamora

1 ¿Te acuerdas?

a) Lee otra vez la información sobre Colombia en las páginas 92 y 93 de tu libro de texto. Cierra el libro y haz preguntas para estas respuestas.

© Gustavo Mauricio García Arenas

Carnaval de Barranquilla, Colombia

1. ______________________________

   Cartagena de Indias.
2. ______________________________

   El Carnaval de Barranquilla.
3. ______________________________

   De Barranquilla.
4. ______________________________

   Es un famoso pintor y escultor.
5. ______________________________

   En los Llanos Orientales.
6. ______________________________

   Bogotá.
7. ______________________________

   San Andrés y Providencia.
8. ______________________________

   Con Panamá, Ecuador, Perú, Brasil y Venezuela.
9. ______________________________

   Flores, esmeraldas, carbón, petróleo…
10. ______________________________

    En la costa del mar Caribe.

b) Ahora responde estas preguntas.

1. ¿Cuántos mares tiene Colombia? ______________________________
2. ¿Qué montañas pasan por Colombia de sur a norte? ______________________________
3. ¿Qué río pasa por Colombia, Perú y Brasil? ______________________________
4. ¿Qué país es más grande: Colombia o Alemania? Explica tu respuesta. ______________________________
5. ¿Qué país tiene más habitantes: Colombia o Alemania? Explica tu respuesta. ______________________________

2 Colombia es... LEER / ESCRIBIR

a) Lee este artículo y después resume la información con tus palabras.

Colombia también eligió

Hace algunos años los habitantes de tres países de Europa eligieron el símbolo[1] que mejor los representa. El Reino Unido eligió la taza de té[2], Italia a Leonardo Da Vinci y España a Don Quijote[3]. Los colombianos también eligieron. Entre cincuenta símbolos, estos son sus diez favoritos.

10 Las esmeraldas Fueron elegidas no solo porque Colombia es el primer productor del mundo, sino también porque son las más grandes del mundo. La zona donde se encuentran está muy cerca de la capital del país, Bogotá.

9 El Divino Niño Jesús niño es un símbolo que les gusta mucho a las personas de Colombia, especialmente en situaciones de violencia o secuestro.

8 La leyenda del Dorado Se dice que cerca de Bogotá, el emperador de un grupo de indígenas se bañaba en un lago muy grande lleno de oro. Los conquistadores españoles fueron a esa zona para encontrar ese oro.

7 La chiva Es un bus típico que va por los pueblos de Colombia. También se utiliza como discoteca. Un grupo de cantantes viaja en el bus con los turistas y se hace una fiesta mientras el bus viaja por la ciudad. Los turistas visitan muchas discotecas, bailan un poco en cada una y después siguen su viaje en el bus.

6 San Agustín Es un importante parque de unos 2.000 kilómetros en el sur del país, con esculturas[4] de piedra de los siglos VI y XII antes de Cristo. El parque se visita a caballo.

5 La bandera Amarillo, azul y rojo son los colores que los colombianos llevan en el corazón y que representan en su bandera.

4 La orquídea Es la flor nacional. Esta orquídea es una de las muchas orquídeas que hay en Colombia, famosas en todo el mundo.

3 El Carnaval de Barranquilla Es el mejor ejemplo de la fusión cultural[5] que encontramos en Colombia: europea, africana e indígena.

2 El café de Colombia Es el mejor del mundo. En Colombia se toma en todos los lugares y a toda hora.

1 El sombrero vueltiao[6] Es típico de la región caribeña. Durante un mes 394.606 personas en Colombia eligieron su símbolo y este ganó. Se fabrica con una planta que crece cerca del agua en la costa atlántica y se conoce como «palma de oro».

b) En tu cuaderno, escribe un texto como este con cinco símbolos que representan a los alemanes. Explica cada uno.

[1] **el símbolo** das Symbol – [2] **la taza de té** die Tasse Tee – [3] **Don Quijote** Don Quichote – [4] **la escultura** die Skulptur – [5] **la fusión cultural** das Verschmelzen der Kulturen – [6] **el sombrero vueltiao** ein Hut, der aus Pflanzenfasern gedreht ist

3 El condicional es fácil ▸ § 41, 42

a) Escribe el infinitivo de los tres verbos y completa la tabla.

infinitivo			
yo	besaría		
tú			
él, ella / usted			
nosotros, -as		ofenderíamos	
vosotros, -as			
ellos, ellas / ustedes			reirían

b) Busca los verbos irregulares en este caracol. Después escribe en la tabla el pronombre, el verbo encontrado en condicional y el infinitivo.

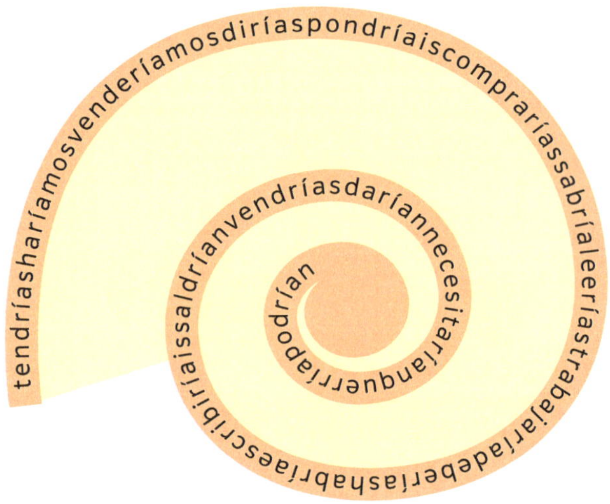

pronombre	verbo encontrado	infinitivo	pronombre	verbo encontrado	infinitivo

c) Imagina que estas situaciones son reales y completa con los verbos en condicional.

1. Hoy es viernes por la noche. ¿Qué harías? ________________ en casa y ________________ de fiesta.
2. Hoy es el primer día de vacaciones. ¿Qué harías? ________________ hasta tarde y ________________ muy feliz.
3. Hoy es tu cumpleaños. ¿Qué harías? ________________ tarta y ________________ una fiesta.
4. Hoy hace sol. ¿Qué harías? ________________ a la playa y no ________________ un jersey.

4 Un viaje a Suramérica ESCRIBIR ▸ § 41, 42

a) La señora Müller, que está haciendo un curso de español en Bogotá, va a una agencia de viajes. Llena los huecos con el condicional de los verbos de la derecha.

ser (2x) · gustar · encantar · recomendar · preferir · poder · interesar

La señora Müller: Buenos días, ¿ _______________ usted ayudarme?

En la agencia: Sí, claro. ¿Qué le _______________ saber?

La señora Müller: Me _______________ conocer Suramérica un poco mejor.

En la agencia: ¿Qué países le _______________ ?

La señora Müller: No lo sé todavía… Tal vez Ecuador, Venezuela o Bolivia…

En la agencia: Alguna región en Colombia _______________ también interesante, ¿no?

La señora Müller: Sí, pero ya he viajado mucho por Colombia. Ahora _______________ conocer otro país.

En la agencia: Ah… en ese caso le _______________ ir a Ecuador. En este momento hay una excursión especial a muy buen precio.

La señora Müller: Me parece bien. ¿ _______________ tan amable de hablarme de esa excursión?

b) En tu cuaderno, escribe un diálogo como el anterior en el que la cliente quiere un pantalón y una blusa, pero al final compra un vestido rojo.

5 ¿Tú también lo harías? LEER / ESCRIBIR ▸ § 43

Un amigo colombiano te cuenta algunas cosas de su cultura. En tu cuaderno, contesta su correo y dile si tú harías las mismas cosas que él hace cuando vayas a visitarlo en Colombia. Explica tu respuesta.

Hola, Bernd:
Me encanta saber que te divertiste en Regensburg.
En Bogotá las cosas están bien y me divierto mucho los fines de semana. Ya sabes que a los colombianos nos encanta bailar salsa. Cuando vengas a verme iremos a algunas discotecas. ¿Te gustaría?
Aquí normalmente trabajamos de 8:00 a 12:00 y de 2:00 a 6:00. Mi trabajo es interesante y mis compañeros en la oficina son simpáticos. Almuerzo en un lugar donde venden unos jugos de frutas buenísimos. Ya te he dicho que en Colombia acompañamos las comidas con jugos naturales, nada de vino ni cerveza. Ya lo verás cuando vengas.
Hoy por la tarde voy a trabajar desde casa. Mi madre estará allá viendo su telenovela[1]. Ay, a mi madre, como a tanta gente en Colombia, le encantan las telenovelas. Bueno, es verdad que a mí también me gustan. Las telenovelas colombianas te hacen reír y no son nada tontas. ¿Verías una telenovela conmigo?
Imagínate que ayer hubo problemas en el centro de Bogotá. Es muy triste, pero los colombianos casi hemos aprendido a vivir con la violencia y la inseguridad. Las conocemos desde siempre. Como alemán, ¿crees que tú podrías vivir con algo así?
Bueno, no te escribo más ahora porque un amigo me está llamando por el móvil. Quiere que vayamos al estadio el domingo. El fútbol es el deporte nacional y yo te voy a llevar a un partido cuando tú vengas. ¿Te gustaría?
Chao, hermano, te escribo después. Tato

[1] **la telenovela** die Fernsehserie, die Soap-Opera

6 Todos son muy amables ▸ § 43

Observa estas situaciones en el aeropuerto El Dorado de la ciudad de Bogotá. ¿Qué dice cada pareja de personas? Intenta no repetir los verbos.

1. Joven, ¿podría ayudarme con la maleta, por favor?
2.
3.
4.
5.
6.
7.

7 Me encantaría ESCRIBIR ▸ § 43

Una escuela de idiomas con sede en varios países de América Latina regala dos cursos de español como parte de una campaña de publicidad. Para participar en el concurso hay que escribir una carta y explicar qué curso escogerías y por qué. Ayúdale a Monika a escribir la carta. Escríbela en tu cuaderno. Debes utilizar todas las palabras de la casilla. Las puedes repetir, pero no puede faltar ninguna. ¡Son las reglas del concurso!

hacer • preferir • encantar • gustar • escoger • ser • también • así que • sin embargo • entonces • porque • por eso • además

Tu curso de español en Colombia
- 8 estudiantes en cada grupo
- 20 horas de español a la semana
- 2 horas de clase de baile
- 4 horas de práctica con un entrenador deportivo
- excelente comida
- visitas de fin de semana a lugares de interés local

¡2 cursos gratis!

Aprender español en Chile

La mejor manera de aprender una lengua es conocer su cultura, su historia y su gente. Nosotros te ofrecemos esto y también:
- 14 horas de clase a la semana
- mucho tiempo libre
- 6 alumnos en cada clase
- una película en español todos los miércoles

Estimados señores: …
…
Espero noticias suyas muy pronto. Muchas gracias.

8 ¿Cuál es la diferencia? MEDIACIÓN

Explica con tus palabras esta campaña de publicidad sobre Colombia.

Si quieres conocer el mar Caribe, viaja a Costa Rica o a Cuba. Si te gusta más el Pacífico, visita Chile. Si te interesa escalar la cordillera de los Andes, ve a Perú o a Ecuador. Si sueñas con ir a la selva amazónica, viaja a Brasil. Si te interesa descubrir antiguas culturas, ve a México. Pero si lo que quieres es ver todas estas maravillas en un solo país, viaja a Colombia.

Colombia tiene todo esto y mucho más, en un solo país. ¡El riesgo es que te quieras quedar en Colombia!

9 Juguemos con el imperfecto de subjuntivo ▸ § 44

a) Completa el crucigrama con las formas del imperfecto de subjuntivo.

1. venir
2. ver
3. leer
4. poner
5. saber
6. besar
7. ordenar
8. ir / ser

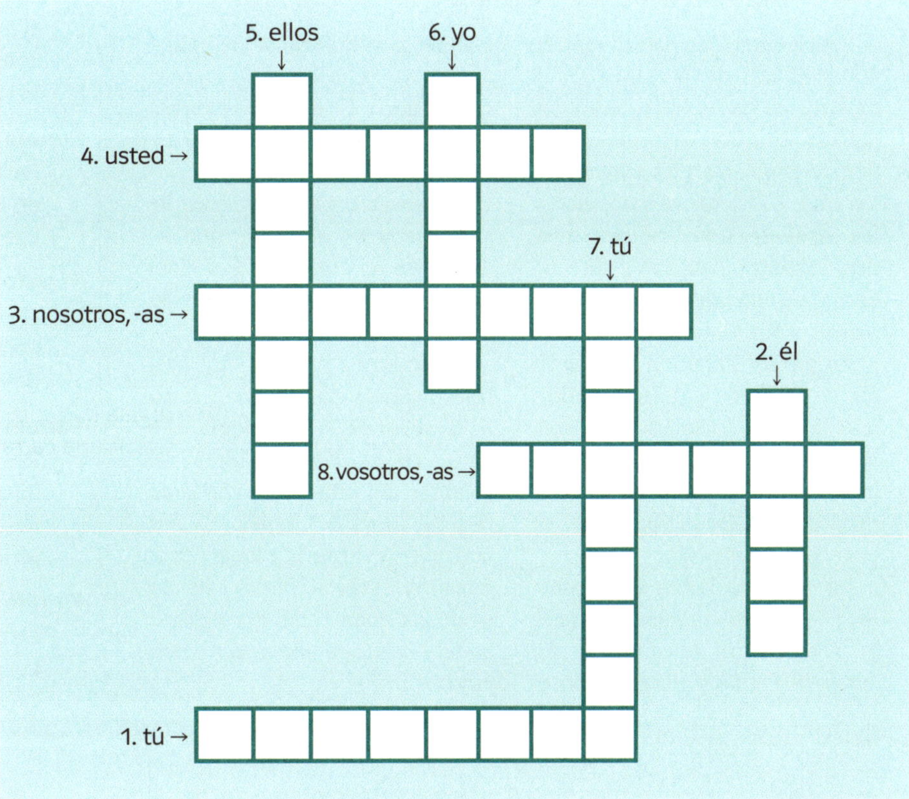

b) Ahora completa las secuencias.

1. tuviera – ____________ – tuvierais
2. dijera – dijeras – ____________
3. quisiéramos – ____________ – quisieran
4. ____________ – pudiera – pudiéramos
5. comiéramos – ____________ – comieran
6. ____________ – vivieras – viviera

c) Marca la forma que no pertenece a cada grupo.

habláramos hablara hablarás hablaran	escribiera escribieran escribierais escribiréis	comprásemos compraremos compráramos

10 La excursión de grado ▸ § 45

Juan Manuel está soñando con la excursión de grado que hará el próximo año con sus compañeros a la isla de San Andrés, en Colombia. Escoge la forma verbal correcta en cada situación.

1. Si **fuera / iría** de excursión de grado[1] a la isla de San Andrés con mis amigos, lo **recordaría / recordara** toda la vida.
2. Lo **pasáramos / pasaríamos** muy bien porque todos somos muy buenos amigos y nos **divertiríamos / divirtiéramos** mucho.
3. La excursión de grado **sería / fuera** también el final de una época muy importante de la vida. Después nada **fuera / sería** como en el colegio.
4. Si **iría / fuera** a la excursión, **haría / hiciera** fotos muy bonitas de la isla.
5. Me **encantaría / encantara** que mis padres no **tendrían / tuvieran** que pagar tanto dinero por la excursión.
6. Además, si **reservaríamos / reserváramos** ahora, tal vez **consiguiéramos / conseguiríamos** billetes a mejor precio.
7. Si **tendría / tuviera** más tiempo, **haría / hiciera** un curso de submarinismo antes de ir a San Andrés.

11 Si esto no fuera así, entonces sería así… LEER ▸ § 45

a) Tú quieres saber más de las diferencias entre el vocabulario de España y Latinoamérica. Lee este artículo y escoge el título que explica exactamente cada párrafo. (Cuidado, los dos títulos son correctos, pero uno es preciso y el otro es general.)

El español de América y de España

Esta lengua, que hablan más de 400 millones de personas en el mundo, no es igual en todos los países, pero los peruanos entienden sin problema a los argentinos, los chilenos a los venezolanos y los españoles a los latinoamericanos. Algunas palabras[2], sin embargo, no son iguales en todos los países. Veamos por qué:

En primer lugar, en España ya no se utilizan algunas palabras que llevaron a América los conquistadores. Por ejemplo la palabra *tina*, que se utiliza en Latinoamérica, en España ahora solo se conoce como *bañera*.

En segundo lugar, los españoles no conocían muchos animales y plantas que encontraron en América Latina y aprendieron el nombre que utilizaban los indígenas. A veces, además, lo cambiaron un poco. Es el caso de la palabra *papa* (en quechua), que los españoles llaman *patata*.

En tercer lugar, a América llegaron lenguas africanas que los españoles no utilizaban. Por ejemplo *guagua* en lugar de[3] *bebé* y *pachanga* en lugar de *fiesta*.

Finalmente, también hay palabras distintas en América y España a causa de la tecnología. Muchas veces España toma las palabras del francés y Latinoamérica las toma del inglés. Es normal, porque Francia está cerca de España y Estados Unidos está cerca de Latinoamérica. Por ejemplo *móvil* y *celular* u *ordenador* y *computador*.

Párrafo 1:
☐ Diferencias del español en los distintos países de habla hispana.
☐ El idioma español.

Párrafo 2:
☐ Palabras que ya no se utilizan en España.
☐ Los conquistadores españoles.

Párrafo 3:
☐ Un idioma igual para todos.
☐ Palabras indígenas en el español de América.

Párrafo 4:
☐ Relación entre los distintos idiomas del mundo.
☐ Relación entre las lenguas africanas y el español de América.

Párrafo 5:
☐ La tecnología y el idioma español.
☐ La importancia del idioma inglés.

b) Ahora completa las frases según la información del texto.

1. Si no hablaran español más de 400 millones de personas en el mundo, ____________________
2. Si los españoles todavía utilizaran todas las palabras que llevaron a América, posiblemente ____________________
3. Si en América no hubiera lenguas indígenas y africanas, ____________________
4. Si no hubiera productos técnicos modernos, posiblemente ____________________

[1] **la excursión de grado** die Abschlussfahrt – [2] **la palabra** das Wort – [3] **en lugar de** anstatt

12 ¿Y tú qué harías? ▸ § 45

Piensa qué harías si te encontraras en el lugar de estas personas. Escribe tres consejos en cada situación. Abajo encuentras ideas para resolver los problemas. Utiliza, además, estas expresiones que significan todas „ich an deiner Stelle": *si yo fuera tú…, si yo estuviera en tu lugar…, yo en tu lugar…, yo de ti…*

buscar a otros alemanes | hablar con el embajador de Alemania | hacer un curso de español ✓ | ir a un gimnasio para hacer amigos allí | pedir ayuda en el hotel | comprar un medicamento en la farmacia | preguntar dónde está el hospital | llamar al banco para informar sobre la situación | visitar a un doctor

Tu amigo Oliver está solo en un país de América Latina y no sabe nada de español.

1. Si yo fuera tú, haría un curso de español.
2. ______
3. ______

Un amigo de tus padres está en México y le han robado todo.

1. ______
2. ______
3. ______

Tu amiga Ana está en Chile sola y de repente tiene un dolor de estómago muy fuerte.

1. ______
2. ______
3. ______

13 Un concierto MEDIACIÓN / ESCRIBIR

Estás de excursión en España con tus compañeros y tu profesora y queréis ir a un concierto de Jorge Celedón. Como sois un grupo grande, queréis saber si hay descuento. Nadie contesta en la oficina donde venden las entradas. Entre todos decidís dejar un mensaje en el contestador. Este es el mensaje. Tú eres el responsable de hablar por teléfono. ¿Cómo dirías esto?

Wir sind 15 Fans von Jorge Celedón, kommen aus Deutschland und finden es toll, Spanisch zu lernen. Uns würde es sehr gefallen, in das Konzert von Jorge Celedón gehen zu können. Daher möchten wir Sie bitten, uns 15 Eintrittskarten zu einem ermäßigten Preis zu geben. Uns würde es sehr gefallen, wenn wir dorthin auch mit unserer Spanischlehrerin gehen könnten. Auch ihr würde das sehr gefallen. Unsere Lehrerin kommt aus Kolumbien und wir haben das Lied „La invitación" oft im Unterricht gehört. Wir kennen jedes Wort vom Text und finden ihn toll …

Jorge Celedón

Jorge Celedón nació en Colombia. Es un famoso cantante de vallenatos, un género musical de la región caribeña. La canción *La invitación* de Celedón y Jimmy Zambrano tiene un ritmo muy alegre y es una invitación a recorrer las distintas regiones del país.

Hola, somos 15 fans de Jorge Celedón…

______

14 ¿Tres palabras?

a) Lee las palabras y une con una línea tres del mismo tema. Después escríbelas y di por qué pertenecen al mismo grupo.

población, mariposa, inseguro, mestizo, rescate, pico nevado,
secuestro, fresa, arroz, montaña, feria, mulato,
indígena, ave, turista, desierto, banano, guerrilla,
mandarina, carnaval, caótico, habitante, aeropuerto, caballo,
maduro, densidad, maleta, cumpleaños, nervioso, carne

1. ______
2. ______
3. ______
4. ______
5. ______
6. ______
7. ______
8. ______
9. ______

b) Ahora lee estas palabras y luego escribe una palabra parecida, que ya conoces.

1. casero	casa	6. ruido	
2. sorprendido		7. nevado	
3. cafetal		8. imaginación	
4. recuerdo		9. besar	
5. permitir		10. carretera	

15 Alfa y Beto ESCUCHAR / ESCRIBIR

a) Vas a escuchar una historia sobre una biblioteca en Colombia. Pero antes de escuchar el cedé, piensa en todas las bibliotecas que conoces o que utilizas normalmente. ¿Qué bibliotecas son?

______

______

L2/28 S 51 **b)** Ahora escucha el cedé y marca con ✓ las respuestas correctas.

1. En Latinoamérica muchos niños no saben leer ni escribir porque:
   - [ ] a) No hay institutos cerca de sus casas.
   - [ ] b) Los colegios son muy caros.
   - [ ] c) Tienen que trabajar.
2. El profesor Soriano va con Alfa y Beto, sus dos burros[1], a los pueblos:
   - [ ] a) Todos los días de la semana.
   - [ ] b) Los fines de semana.
   - [ ] c) Dos veces a la semana.
3. La idea del biblioburro:
   - [ ] a) No le ha gustado mucho a la gente.
   - [ ] b) Es la única posibilidad que tienen algunos niños de aprender a leer y a escribir.
   - [ ] c) Es ahora un proyecto del plan nacional de bibliotecas del país.

c) ¿Qué tiene de especial la biblioteca de Luis Humberto Soriano? Resume la información del cedé.

1

Luis Humberto Soriano y sus dos burros.

d) ¿Qué diferencias puede haber entre las bibliotecas de las fotografías 1 y 2? Nombra cinco.

2

Bibliobus en Alemania.

1. ____________________
2. ____________________
3. ____________________
4. ____________________
5. ____________________

[1] **el burro** der Esel

16 ¿Te acuerdas? LEER / ESCRIBIR

a) Luis y Lucía quieren hacer un curso de alemán porque van a estudiar en Alemania. Lee este diálogo entre Luis y la secretaria de una escuela de idiomas y contesta la pregunta de abajo.

Luis: Hola, mi nombre es Luis López. Estoy buscando unos cursos de alemán que sean muy buenos porque mi familia y yo vamos a vivir en Alemania y no sabemos nada de alemán.
Secretaria: Buenas tardes, señor López. Me alegra de que nos llame porque en nuestra escuela tenemos todos los cursos que necesitan. No es ningún problema que no sepan alemán. ¿Qué busca exactamente?
Luis: Para mi mujer y para mí busco un curso que nos prepare para los exámenes que se necesitan para estudiar en la universidad.
Secretaria: ¡Excelente que quieran estudiar en la universidad en Alemania! Nuestra escuela tiene cursos desde A1 a C2. Para la universidad deben hacer hasta B2.
Luis: Muy bien. ¿Y para mis hijos? Para ellos busco un curso que les permita aprender rápidamente y que les guste.
Secretaria: Me gusta mucho que me pregunte por los cursos para niños. Nuestra escuela tiene los mejores de la ciudad.
Luis: Muy bien. ¿Podría ir mañana a su oficina para hablar con usted personalmente?
Secretaria: Buenísima idea que venga aquí. Propongo que hagamos una visita a la escuela para que la conozca bien. Por favor, traiga una foto de cada persona de su familia para la ficha de inscripción.
Luis: Sí, claro. ¿A las 10:00 estaría bien?
Secretaria: Perfecto. A las 10:00 está muy bien.
Luis: Muchas gracias y hasta mañana.
Secretaria: Bitte schön! Bis morgen.

¿Por qué llama Luis a la escuela? ¿Qué busca él? Utiliza el presente de subjuntivo.

____

____

____

____

b) ¿Qué le dice Luis a su esposa sobre su conversación con la secretaria? Completa con el imperfecto de subjuntivo cuando sea necesario.

Lucía, hoy hablé con la secretaria de la escuela de idiomas y a ella le alegró que yo los ______________ porque ____.

Le pareció excelente que ____.

Le gustó mucho que le ______________ por los cursos para niños porque ____. Le pareció buenísima idea que yo ______________ mañana a su oficina. Propuso que ______________ una visita a la escuela para que yo la ______________ bien.

Quería que yo ______________ fotos de nosotros mañana para ____.

Fue muy amable conmigo. ¡Al final me habló en alemán!

L 2/29
S 52

17 Aprende y gana ESCUCHAR

Como estás aprendiendo tantas cosas de América Latina, decides escuchar un programa de concurso. El programa es sobre cuatro personas famosas. Escucha el cedé y haz tres fichas como esta en tu cuaderno para las otras tres personas. Si no sabes el nombre de alguna, búscalo en Internet.

Nombre: ______________

Apellido: ______________

¿En qué trabaja?: ______________

¿Cuándo nació?: ______________

¿Dónde nació?: ______________

Unidad 8 Con mucho arte

1 Artistas ESCUCHAR

L2/41 S 56 a) Lee los nombres de los famosos artistas de la casilla. Después escucha estas conversaciones sobre seis de ellos. Escribe junto a cada artista el número que identifica su obra.

1

2

3

4

5

6

Santiago Calatrava	☐	Ferran Adrià	☐
Salvador Dalí	☐	Pedro Almodóvar	☐
Fernando Botero	☐	Penélope Cruz	☐
Frida Kahlo	☐	Cristóbal Balenciaga	☐

b) Escucha las conversaciones de nuevo y responde las preguntas sobre los seis artistas del ejercicio anterior. Hay dos preguntas sobre cada persona.

1. ¿De dónde es? ____________________
   ¿Qué representan sus esculturas normalmente? ____________________
2. ¿Por qué película le dieron un Óscar? ____________________
   ¿Cómo son sus películas? ____________________
3. ¿Dónde se hizo famoso? ____________________
   ¿Dónde han abierto un museo con su obra? ____________________
4. ¿De dónde es? ____________________
   ¿Qué tipo de edificios construye? ____________________
5. ¿Cómo es su pintura? ____________________
   ¿Cómo se llama su museo en México? ____________________
6. ¿Cómo se llama su famoso restaurante? ____________________
   ¿Por qué es un artista? ____________________

c) ¿De quién piensas que son las obras de la derecha, según las descripciones que has escuchado? Explica tu respuesta.

____
____
____
____
____
____

2 Me interesa ESCRIBIR

a) Ordena las siguientes expresiones artísticas de más a menos interesantes para ti.

- teatro
- música
- pintura
- escultura
- arquitectura
- cine
- literatura

Me interesa mucho ☺ (+) ______________________________

____

____

Me interesa menos ☹ (–) ______________________________

____

b) ¿Qué relación tienes tú con estas expresiones artísticas? Escríbelo. Puedes seguir el ejemplo.

Me gusta mucho la arquitectura y estoy pensando en hacer un curso de escultura. En la escultura también se trabaja con las formas. La literatura no me gusta.

____

____

____

____

____

____

3 Verbos diferentes

a) En esta unidad vas a trabajar con los verbos que se utilizan para transmitir las palabras que han dicho otras personas. Este ejercicio te ayuda a familiarizarte con ellos para que puedas utilizarlos a lo largo de la unidad. Clasifícalos en dos grupos: verbos para transmitir las palabras de otra persona y verbos para hablar de las rutinas diarias.

desayunar • preguntar • contar • dormir • contestar • beber • comer • explicar • limpiar • pasear • comentar • cocinar • decir • asegurar

Verbos para transmitir las palabras de otra persona	Verbos para hablar de las rutinas
______________	______________
______________	______________
______________	______________
______________	______________
______________	______________
______________	______________
______________	______________

b) Añade otros verbos para transmitir las palabras de otra persona.

____

4 Twitter de famosos ▸ § 47, 48

Lee las siguientes frases que han «twiteado» personajes de la música latina y cuéntaselo a un amigo. Utiliza los verbos del ejercicio 3, sin repetir.

1. Paulina Rubio: «Yo no me convertí en famosa por estar en un grupo. Fui famosa desde el día que nací».

   Dice que ella no se convirtió en famosa por estar en un grupo. Fue famosa desde el día que nació.

2. Juan Luis Guerra: «Esta semana tendremos dos conciertos en México».

   Comenta que ______

3. Shakira: «Brasil es mi segunda casa, el portugués mi segunda lengua y los brasileños mi nueva familia».

   Asegura que ______

4. Jennifer López: «Me gustaría hacer una película que en el futuro sea un clásico[1]».

5. Ricky Martin: «Yo soy como soy y he crecido en una cultura latina[2]».

6. Enrique Iglesias: «No sé si seré buen o mal actor, pero sé que me gusta».

5 Vamos a un concierto ▸ § 48

Ruth y Marta van a ir a un concierto de un grupo latino. ¿Qué le ha dicho exactamente Ruth a Marta? Escribe frases como la del ejemplo.

Ruth: ¿Puedes comprar las entradas para el concierto? 1.
Marta: Sí, claro, las compro esta tarde.
Ruth: ¿A qué hora quedamos? 2.
Marta: ¿A las ocho?
Ruth: ¿Volveremos del concierto muy tarde? 3.
Marta: No, no creo.
Ruth: ¿Cuánto dinero vas a llevar al concierto? 4.
Marta: Veinte euros.
Ruth: Por cierto, ¿has escuchado el nuevo cedé de Juanes? 5.
Marta: Sí, me gusta mucho.
Ruth: ¿Viste la entrevista que le hicieron en la televisión? 6.
Marta: Sí, me encantó.

1. Ruth le ha preguntado si puede comprar las entradas.
2. ______
3. ______
4. ______
5. ______
6. ______

[1]**un clásico** ein Klassiker – [2]**la cultura latina** Kultur der Latinos

6 La reunión de ayer ▸ § 49

a) En un instituto los estudiantes han tenido una reunión para decidir varios temas. En la columna de la izquierda aparecen las cosas que se dicen en el momento de la reunión, en la columna de la derecha aparecen las frases que escribe un día después de la reunión un profesor en un informe. Completa los tiempos verbales que faltan.

AYER, 20 de junio	HOY, 21 de junio
Presente de indicativo «En esta reunión hay personas que no tienen permiso para estar aquí y tienen que irse ahora».	**Imperfecto de indicativo** Los estudiantes dijeron que en esa reunión ____________ personas que no ____________ permiso para estar allí y que ____________ que irse en ese momento.
Futuro simple «¿____________ un nuevo profesor de música?».	**Condicional simple** Los estudiantes preguntaron si tendrían un nuevo profesor de música.
Perfecto «El director del instituto ha hablado hoy con todos los padres sobre el viaje de fin de curso».	**Pluscuamperfecto** Los estudiantes comentaron que el director ____________ ____________ ayer con todos los padres sobre el viaje de fin de curso.
Indefinido «La semana pasada ____________ nuevos libros para la biblioteca».	**Pluscuamperfecto** Los estudiantes comentaron que la semana pasada habían llegado nuevos libros para la biblioteca.
Imperfecto «Antes podíamos jugar al fútbol[1] en el recreo y desde marzo ya no».	**Imperfecto** Los estudiantes aseguraron que antes ____________ jugar al fútbol en el recreo y desde marzo ya no.
Imperativo «Todos los interesados en ir a la próxima excursión, ____________ vuestro nombre en la pizarra y ____________ el permiso de vuestros padres».	**Imperfecto de subjuntivo** Los estudiantes pidieron que todos los interesados en ir a la próxima excursión ____________ su nombre en la pizarra y ____________ el permiso de sus padres.
Condicional simple «A los de la clase b nos gustaría organizar una fiesta de verano».	**Condicional simple** Los estudiantes de la clase b dijeron que ____________ organizar una fiesta de verano.
Presente de subjuntivo «Es mejor que los de la clase a hagan la reunión en junio y que vengan con ideas para la fiesta de verano».	**Imperfecto de subjuntivo** Propusieron que los estudiantes de la clase a ____________ la reunión en junio y ____________ con ideas para la fiesta de verano.

b) Cuando transmitimos palabras de otras personas los tiempos verbales pueden cambiar, pero también hay otros cambios. ¿Cómo se transforman las siguientes palabras en el ejercicio a)? Escríbelo.

1. en **esta** reunión: ____________
2. **aquí:** ____________
3. **ahora:** ____________
4. **hoy:** ____________
5. **traed:** ____________
6. **vuestro:** ____________
7. **vengan:** ____________

§ ¡Ojo!

Bei der Umwandlung der direkten in die indirekte Rede verändern sich manche Verben, je nach Perspektive der Sprecher. Zu diesen Verben gehören *traer / llevar* und *ir / venir*, z. B.:

¿Puedes **traer** una botella de agua? → Me pidió que **llevara** una botella de agua.
¿**Vendrás** a la fiesta? → Me preguntó si iría a la fiesta.

[1] **jugar *(-ue)* al fútbol** Fußball spielen

7 ¿Qué dijo? LEER / ESCRIBIR ▸ § 49

Cristina conoció a un chico en una discoteca. Al día siguiente se lo cuenta todo a su amiga Sonia. Completa con todo lo que le dijo Cristina a su amiga.

1

★ ¡Hola! ¿Quieres bailar?

★ Perdón, pero no sé bailar.

★ No te preocupes, yo te ayudaré.

2

★ ¿Vienes mucho por aquí?

★ A veces vengo con mi amiga Sonia.

★ Yo solo he venido dos veces a esta discoteca. El otro día estuve en Pachá, pero no me gustó tanto porque había mucha gente.

3

★ Me tengo que ir.

★ Quédate un poco más.

★ Ahora es muy tarde, pero me gustaría verte otro día…

4

★ ¿Te llamo y quedamos?

★ Es mejor que me envíes un SMS.

★ Vale, pero… ¿cómo te llamas?

★ Cristina. ¿Y tú?

★ Yo me llamo Rafa.

5

★ ¿Cómo lo conociste?

★ *Lo conocí en una discoteca. Me preguntó si…*

____

____

6

★ *Me preguntó si…*

____

____

____

____

____

★ Yo también estuve en Pachá el otro día y conocí a un chico.

7

★ *El chico me pidió que…*

____

____

★ ¿Qué más te dijo?

8

★ *Me preguntó si…*

____

____

____

★ ¿Rafa? El chico que conocí el otro día en Pachá también se llama Rafa…

8 ¡Qué ruido! ▶ § 51

José está comiendo con sus amigos en un restaurante, pero hay mucho ruido. Todos le piden algo a José, pero él no entiende nada por el ruido. ¿Le puedes repetir lo que han dicho sus amigos? Escribe las frases.

Cuando llegaron al restaurante…

—Decide tú lo que comemos porque tú conoces el restaurante.

Pablo dice que decidas tú lo que comemos porque tú conoces el restaurante.

—Déjame el teléfono móvil un momento, tengo que llamar a mi madre.

Rosa dice que ______

______

—Invita a mi hermana a la fiesta del sábado.

Alberto dice que ______

—Recomiéndanos un lugar para ir después de comer.

Julia dice que ______

—Prueba la tarta. Está buenísima.

Carmen dice que ______

Después de comer…

—Pide la cuenta.

Mauricio dice que ______

—Paga tú la cuenta. Yo no tengo dinero.

Pedro dice que ______

L 2/42 S 57

9 Cosas que me contaron ESCUCHAR ▶ § 49

La semana pasada fuiste de viaje a Madrid con tus amigos Ana y Alberto. Vas a escuchar, de una en una, las cosas que Ana y Alberto te dijeron. Presta especial atención a los verbos de cada frase y explica por escrito a un amigo lo que te contaron.

1. Ana dijo que ______
2. Alberto me comentó que ______
   y aseguró que ______
3. Ana me contó que ______
   y que ______
4. Alberto me dijo que ______
   y me preguntó si ______
5. Ana me explicó que ______
   ______
6. Alberto nos pidió que ______
7. Ana contestó que ______

10 Ritmo latino LEER

a) Lee el siguiente texto sobre el reggaetón y responde las preguntas.

EL REGGAETÓN

El reggaetón no es un género musical[1] nuevo, pero está muy de moda actualmente. Es una mezcla[2] de reggae y de hiphop con ritmos latinos[3], en español. Nació en los años ochenta en Panamá, pero en los años noventa se empezó a escuchar también en Puerto Rico. Actualmente es muy famoso en Estados Unidos, en toda América Latina y en España.

Como en el hiphop, la mayoría de los cantantes de reggaetón recitan[4] sus canciones con ritmo de rap. Las letras normalmente hablan de temas sociales, historias de amor y los problemas de la vida.

Algunos de los artistas más conocidos son Don Omar y Daddy Yankee con su éxito *La gasolina*, una canción que se puede escuchar en miles de teléfonos móviles de todo el mundo. Incluso la cantante colombiana Shakira y el español Alejandro Sanz han interpretado una canción de ritmo puro reggaetón llamada *La tortura*. El reggaetón empezó como un ritmo en el que los cantantes eran solo hombres, pero actualmente ha crecido el número de mujeres que interpretan[5] este estilo de música: Ivy Queen, Mey Vidal y Nina Sky.

La característica básica[6] del reggaetón es que el ritmo es muy rápido y siempre es igual. Esto hace que todo el que lo escucha empiece a bailar y a mover[7] el cuerpo[8]. Esta es una de las razones por las que esta música está de moda entre los jóvenes.

1. ¿A qué tipo de música se parece el reggaetón?

____

2. ¿De dónde es?

____

3. ¿Cuáles son los temas de las letras de sus canciones?

____

4. ¿Quiénes son los cantantes más conocidos de reggaetón?

____

5. ¿Por qué está de moda el reggaetón entre los jóvenes?

____

b) ¿Conoces el reggaetón? ¿Te gusta? ¿Qué tipo de música escuchas tú? ¿Está de moda?

____

____

____

c) Subraya, en cada grupo, la palabra que incluye a las demás.

artista	rock	puro	problemas sociales
profesión	estilo	igual	historias de amor
músico	reggaetón	ritmo	temas de las canciones
cantante	rap	rápido	situaciones de la vida

[1]**el género musical** die Musikrichtung/der Musikstil – [2]**la mezcla** die Mischung – [3]**latino, -a** Latino- – [4]**recitar algo** etwas vortragen – [5]**interpretar algo** ein Lied spielen – [6]**básico, -a** Haupt- – [7]**mover *(-ue)* algo** etw. bewegen – [8]**el cuerpo** der Körper

11 ¿Positivo o negativo?

a) Relaciona el adjetivo que mejor corresponde a la situación de cada persona.

1. Un cantante que regala el dinero de su próximo concierto a las personas que han perdido todo en un terremoto.
2. Un poema que te hace pensar en corazones rosa cuando lo lees.
3. Un músico que siempre aparece en la tele.
4. Unos chicos que estudian en la universidad, tienen un piso compartido, ganan dinero y no necesitan ayuda de sus padres.
5. Alguien que nunca sabe si debe hacer esto o si sería mejor hacer otra cosa.
6. Un chico que se ha peleado con su novia y la quiere muchísimo.

famoso, -a ☐ · inseguro, -a ☐ · independiente ☐ · triste ☐ · solidario, -a ☐ · romántico, -a ☐

b) Ahora escribe tú una frase que corresponda a cada adjetivo.

1. **nervioso, -a** ____________________
2. **aburrido, -a** ____________________
3. **sorprendido, -a** ____________________
4. **vago, -a** ____________________
5. **loco, -a** ____________________
6. **amable** ____________________

c) ¿Qué tipo de persona crees que eres tú? Utiliza algunos de los adjetivos anteriores.

____

____

____

L 2/43 S 58

12 Sentimientos ESCUCHAR

Vas a escuchar unas frases. Cada persona dice la misma frase dos veces, pero cada vez expresa un sentimiento diferente. Escribe cómo se sienten esas personas en cada caso. Utiliza los adjetivos de la casilla.

1

triste

2

alegre

3

sorprendido, -a

4

enfadado, -a

1. a) ____________ b) ____________
2. a) ____________ b) ____________
3. a) ____________ b) ____________
4. a) ____________ b) ____________

13 El hiphop MEDIACIÓN / ESCRIBIR

Tienes un amigo español al que le gusta mucho el hiphop. Quieres ir al cine con él a ver un documental suizo sobre este tema. Escríbele un correo con un resumen de lo que dicen en Internet sobre esta película. Recuerda que tu amigo solo necesita saber la información más importante.

THE RISING SUN

SYNOPSIS

Eine Gruppe junger Tänzer, die sich mit Breakdance auf den Straßen europäischer Städte ihren Lebensunterhalt verdienten und mittlerweile eine der bekanntesten Tanzgruppen in der HipHop Szene sind.

Diese Künstler vermögen mit ihrer Liebe zum Tanz, zur Musik und zur Freiheit in einer begeisternden Art und Weise jungen Menschen über alle Klassen, Staatszugehörigkeiten und Hautfarben hinweg Lebensfreude und Unbekümmertheit zu vermitteln. Eine Geschichte über ein simples Leben, das nur aus dem Nötigsten besteht und trotzdem positiv erfüllt ist von Gefühlen, Begegnungen und Situationen.

„The Rising Sun" ist ein fesselnder Dokumentarfilm, der zeigen soll, wie wenig es braucht, um Freude und Begeisterung auszustrahlen und andere mitzureißen. Die Handlung zeigt eine Truppe junger Leute aus verschiedenen Nationen, die gemeinsam in die Welt hinaus ziehen und mit ihrem Tanz, dem „Breakdance" Begeisterung und Freude in den Zuschauern erwecken. Im „Breakdance" sahen die Jugendlichen eine Chance, um Anerkennung zu erlangen und sogleich Freude zu verbreiten.

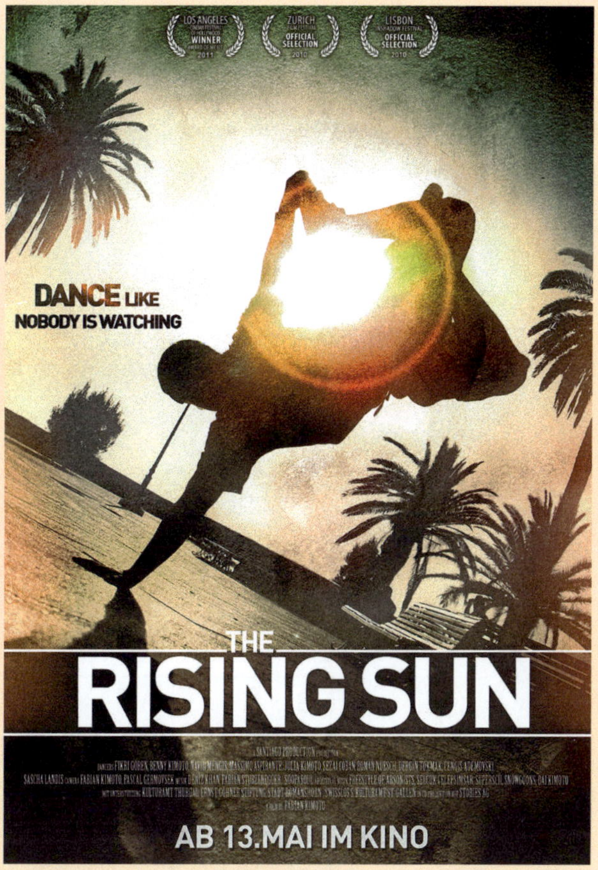

Geprägt von ihren Vorbildern – die es mit „Breakdance" aus den Ghettos und Slums geschafft haben – zogen sie mit enormer Motivation, Energie und Ehrgeiz los, um anderen die gleichen Gefühle zu vermitteln wie jene, die SIE beim Tanzen empfinden

14 Cambios ▸ § 50

Completa las frases con los verbos *ponerse*, *volverse* o *hacerse* en el tiempo verbal adecuado.

1. Mi hermano ha estado tres días sin comer y ______________ enfermo.
2. Esa chica ha trabajado en varias películas de Almodóvar y ______________ muy famosa.
3. Ahora que trabaja, Jaime ______________ muy independiente.
4. Desde que tiene dinero ______________ loco y todo el día está comprando cosas.
5. Me gusta mucho Ana y cuando la veo ______________ nervioso.
6. Inés se fue a Estados Unidos para estudiar y ______________ una experta en teatro.
7. ______________ triste cuando le dijo que se iba.
8. Desde que tuvo el accidente ______________ muy inseguro.
9. ______________ muy vago desde que terminó los estudios.
10. No sé qué le pasa a Julián, no sale, no habla, no se ríe… ______________ muy aburrido.

15 Sopa de letras

Busca doce palabras relacionadas con la música y el mercado discográfico.

G	Ñ	C	A	N	C	I	Ó	N	V	X	D	J
U	R	H	I	K	L	Ñ	Z	X	C	V	B	C
I	V	S	P	H	T	Q	A	T	A	N	G	O
T	Q	A	I	T	L	O	C	D	E	I	N	N
A	L	W	R	J	U	M	A	F	S	H	E	C
R	O	Q	A	S	W	R	I	T	M	O	S	I
R	K	R	T	K	N	D	L	J	C	Y	D	E
I	D	C	E	F	G	V	N	K	K	F	B	R
S	B	T	R	A	N	C	H	E	R	A	J	T
T	R	N	Í	Y	P	G	R	L	D	N	W	O
A	C	P	A	U	A	F	Y	H	E	Y	D	G
H	E	N	P	H	C	A	N	T	A	N	T	E
M	D	J	L	V	S	D	P	E	G	I	R	A
U	É	A	R	T	I	S	T	A	G	Z	F	S

16 No puedo moverme LEER ▶ § 46

a) Luz es una joven cantante muy famosa que está acostumbrada a que todo el mundo haga lo que ella pide. Hace pocos días tuvo un accidente y ahora no puede hacer muchas cosas. Lee este pequeño relato y subraya cuántas personas están en contacto con ella a lo largo del día.

Luz ha tenido un accidente y no puede caminar. Es una cantante muy famosa y está preparando su nuevo cedé, pero no puede salir de casa y por eso está enfadada. Su abuela ha ido a pasar unos días con ella para ayudarla. Su amiga va a visitarla todos los días. El problema es que Luz está siempre pidiendo cosas y las personas que tiene cerca ya empiezan a estar cansadas y Luz no se da cuenta.
Es posible que hoy cambien las cosas…

—¡Abuela! ¡Tráeme un vaso de agua, por favor! —dice Luz.
—Bueno… —la abuela le trae un vaso de agua.
—¡Abuela! Prepárame un bocadillo de queso.
—¿Por qué no te esperas un poco? Acabas de desayunar.
—Pero tengo hambre. ¡Y pon música, que me aburro!
—Bueno…
Luz empieza a cantar, pero su abuela no puede más. Ha escuchado la misma canción veinte veces esta mañana.
Por la tarde, después de las clases, su amiga Mar va a visitarla.
—Pásame el teléfono, que quiero llamar a Vanesa, la guitarrista de mi grupo.
—Bueno… —dice Mar.
—Ve a la tienda a comprar el último número de la revista *Mondo Sonoro*.
—Es que me tengo que ir ahora…
Por la noche llegan sus padres y su hermano.
—¡Mamá! Prepárame la cena, pero no hagas pescado, sabes que no me gusta.
—Bueno…
—¡Papá! Ayúdame a practicar una canción.
—Pero, ¿no has tenido tiempo de hacerlo hoy?
—No, ha venido Mar y no he podido hacerlo…
—Bueno… ahora te ayudo.
—¡Carlos, tráeme los cedés que están en mi habitación! ¡Ah, y un bolígrafo y un cuaderno!
—Bueno…
—¡Mamá! ¡Papá! ¡Carlos! ¡Abuela! —grita Luz, pero nadie contesta—. ¿Dónde estáis? Quiero que escuchéis mi última canción.
De repente, en la casa solo hay silencio. Se han ido todos al cine, necesitan descansar, no escuchar las canciones de Luz y no recibir más órdenes… pero le han dejado la cena preparada: pescado con patatas.

b) Ahora responde a las preguntas.

1. ¿Qué le pidió Luz a su abuela? ______________________________
____
2. ¿Qué le pidió Luz a Mar? ______________________________
____
3. ¿Qué le pidió Luz a su madre? ______________________________
____
4. ¿Qué le pidió Luz a su padre? ______________________________
5. ¿Qué le pidió Luz a su hermano? ______________________________
____

c) Completa el crucigrama con algunas de las cosas que pide Luz y encuentra al final el adjetivo que *no* la describe.

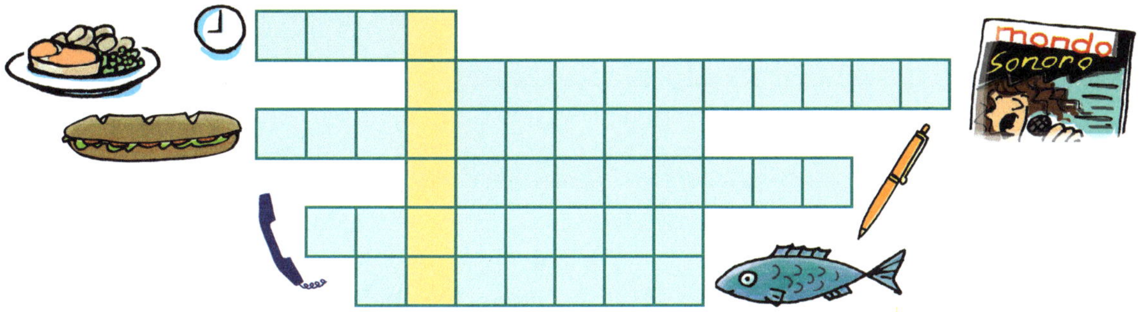

17 Cuéntame un cuento ESCRIBIR

¿Conoces estos cuentos? Ahora vas a escribir tú uno. Puedes continuar la historia de uno de los dos primeros cuentos o crear tu propia historia. Si decides crear tu historia, cambia el final, el lugar, la época, los personajes, etc. de los cuentos anteriores o crea un cuento nuevo tú mezclando los protagonistas y las historias de estos cuentos.

1. Blancanieves y los siete enanitos (Schneewittchen und die sieben Zwerge)

Había una vez una princesa[1] que se llamaba Blancanieves y que tenía una madrastra[2] que era muy mala. A la madrastra no le gustaba que Blancanieves fuera más guapa que ella y por eso pidió a uno de sus hombres que la llevara al bosque[3] y la matara. El hombre no pudo matarla y la dejó libre, pero le pidió que no volviera nunca más al castillo…

Ilustrador: Tom Schamp. Publicado por La Galera SAU Editorial (1997)

2. La Cenicienta (Aschenputtel)

Había una vez una joven que vivía con su madrastra y sus dos hermanastras[4]. Ella tenía que hacer todos los trabajos de la casa y su vida era horrible. Un día el rey[5] decidió dar una fiesta para su hijo el príncipe e invitó a todas las chicas jóvenes de la región. Las hermanastras de Cenicienta se prepararon para el baile pero, de repente, a Cenicienta se le apareció su hada madrina[6] y…

Ilustradora: Monse Fransoy. Publicado por La Galera SAU Editorial (2000)

3. Tu cuento

Había una vez un niña que…

[1]**la princesa / el príncipe** die Prinzessin / der Prinz – [2]**la madrastra / el padrastro** die Stiefmutter / der Stiefvater – [3]**el bosque** der Wald – [4]**la hermanastra / el hermanastro** die Stiefschwester / der Stiefbruder – [5]**el rey / la reina** der König / die Königin – [6]**el hada madrina** die gute Fee

18 Mi futuro HABLAR

Estás con un amigo y empezáis a hablar de vuestro futuro profesional. Uno de vosotros ha hablado con el orientador profesional del instituto (A), el otro (B) le hace preguntas y reacciona.

1. Machen Sie die Übung zu zweit. Einigen Sie sich, wer die Rolle A und wer die Rolle B übernimmt.
2. Setzen Sie sich einander gegenüber.
3. Stellen Sie sich abwechselnd die Fragen und antworten Sie mithilfe der Vorgaben. A beginnt.
4. Die Lösungsvorschläge helfen Ihnen, sich gegenseitig zu kontrollieren.
5. Wechseln Sie die Rollen nach einem Durchgang.

A La persona que habló con el orientador

Du erzählst einem Freund, dass du gestern mit dem Berufsberater deiner Schule gesprochen hast und dass er dir empfohlen hat, etwas zu studieren, was mit Gesundheit, Biologie oder mit Chemie zu tun hat.

¿Y a ti te gustaría estudiar alguna de esas cosas?

Das weißt du noch nicht. Sag deinem Freund, dass du das entscheiden wirst, wenn du mit dem Studium fertig bist.

Es importante que elijas bien la carrera que quieres estudiar porque tu futuro depende de eso.

Wenn du wählen könntest, wärst du am liebsten Künstler: Maler oder Bildhauer.

Sí, son profesiones muy bonitas, pero es muy difícil vivir de ellas.

Jetzt fragst du, was dein Freund in der Zukunft machen möchte.

A mí me gustan mucho las carreras sociales y por eso quiero estudiar Trabajo Social.

Frag deinen Freund, ob er auch schon mit einem Berufsberater gesprochen hat.

No, pero hablé con mi profesora y me dijo que sería una carrera muy interesante para mí.

Frag, ob er schon weiß, in welcher Universität man das studieren kann.

Todavía no lo sé, pero mi profesora me recomendó que hablara con el director. Mañana tengo una reunión con él.

Du wünscht ihm viel Glück bei dem Gespräch.

B La persona que hace preguntas y reacciona

Ayer hablé con el orientador profesional de mi instituto y me recomendó que estudiara algo relacionado con la salud, con la biología o con la química.

Du fragst deinen Freund, ob es ihm gefallen würde, eine von diesen Sachen zu studieren.

No lo sé. Voy a decidirlo cuando acabe los estudios.

Du sagst dem Freund, dass es wichtig ist, das Studienfach gut auszuwählen, das man studieren möchte. Davon hängt nämlich seine Zukunft ab.

Si pudiera elegir, sería artista: pintor o escultor.

Das sind ganz schöne Berufe, aber es ist sehr schwer, davon zu leben.

Y tú, ¿qué quieres hacer en el futuro?

Du antwortest, dass dir ein sozialer Beruf sehr gefallen würde und dass du deshalb Sozialarbeit studieren möchtest.

¿Has hablado también con un orientador profesional?

Das hast du noch nicht. Du erzählst aber, dass du mit deiner Lehrerin gesprochen hast und die hat dir gesagt, dass das für dich eine sehr interessante Laufbahn wäre.

¿Sabes en qué universidad puedes estudiar esa carrera?

Das weißt du noch nicht, aber deine Lehrerin hat dir empfohlen, mit dem Direktor zu sprechen. Und am nächsten Tag hast du eine Besprechung mit ihm.

¡Que te vaya bien en la entrevista!

Portfolio 3

Evalúa tu progreso con la ayuda de esta lista. Escribe un ejemplo para cada objetivo de aprendizaje y califica con un ✓ tu respuesta.

Ya puedo… ✓	😊	😐	☹
… hablar sobre mi futuro profesional: Busco una carrera que ______ En el futuro quiero trabajar en una empresa donde ______ Antes de que ______ Cuando ______ En cuanto ______	☐	☐	☐
… hablar de cosas ciertas o probables: Aunque me levanto temprano ______ Aunque me levante temprano ______	☐	☐	☐
… expresar deseos de otros: Mis padres quieren que ______ Mi profesor me pide que ______	☐	☐	☐
… expresar deseos para alguien: —Bueno, adiós. ¡Hasta el lunes! —Adiós. ¡Que ______	☐	☐	☐
… expresar deseos para uno mismo: —Me gustaría ______	☐	☐	☐
… dar consejos: —Tengo unos dolores horribles en la rodilla. —Es mejor que ______	☐	☐	☐
… expresar intención: Voy a estudiar mucho para que mis padres ______	☐	☐	☐
… expresar posibilidad: —El sábado podríamos ______ —Sí, es una buena idea. Y el domingo ______	☐	☐	☐
… preguntar o pedir algo a alguien con cortesía: ¿Sería usted ______ ¿______ el favor ______	☐	☐	☐

Ya puedo . . . ✓	😊	😐	☹
. . . expresar condiciones irreales: —Si tuviera __________ —En cambio si yo __________	☐	☐	☐
. . . expresar opinión, gustos o deseos respecto al pasado: —Antes me parecía raro que __________, ahora ya no. —Cuando era pequeño no me gustaba nada que __________ —El año pasado mis padres querían que __________	☐	☐	☐
. . . transmitir las palabras de otros: *Ayer el profesor te dijo:* Las clases empiezan a las nueve y tenemos una pausa a las diez y media. *Hoy se lo cuentas a un compañero:* Ayer el profesor dijo que __________ *Ayer un amigo te preguntó:* ¿Conoces a la chica nueva? *Hoy se lo cuentas a un compañero:* Ayer un amigo me preguntó __________ *Ayer tu madre te dijo:* Compra pan cuando vuelvas del instituto. *Hoy se lo cuentas a tu padre:* Ayer mamá me pidió que __________	☐	☐	☐

Inhalt Schüler-CD

Abkürzungen:
SB Schülerbuch
CDA *Cuaderno de actividades*
L Lektionsteil
A Aufgabe
A/B/C Aprender y practicar A/B/C